後巴菲特時代 科技女股神

凱薩琳・伍德的「破壞性創新」投資致富策略

陳偉航——著

目錄 CONTENTS

Preface ｜序

讀萬卷書不如行萬里路，行萬里路不如高人指路

　　人生有三境界，投資亦有三境界。

　　人生三境界：第一境界「看山是山，看水是水」、第二境界「看山不是山，看水不是水」、第三境界「看山還是山，看水還是水」。

　　在你年少，充滿純眞，滿腔熱血，懷抱理想，想要大有作爲，此時「看山是山，看水是水」，是爲第一境界。

　　及至年長，步入社會，爲生活奔波，爲事業奮鬥，發現一切並非盡如人意。此時「看山不是山」，看水不是水」，是爲第二境界。

步過中年，歷經滄桑，智慧增長，心有了悟，於是返璞歸眞，此時「看山還是山，看水還是水」，是爲第三境界。

投資三境界：第一境界「衣帶漸寬終不悔，爲伊消得人憔悴」、第二境界「眾裡尋他千百度」、第三境界「驀然回首，那人卻在燈火闌珊處」。

初入股市，你充滿雄心，想要投資獲利，因此非常認眞，每日盯盤，茶不思飯不想，滿腦只有股票和股價，此時「衣帶漸寬終不悔，爲伊消得人憔悴」，是爲第一境界。

經過一段時間，你發現股市凶險，要賺錢沒有想像中容易，因此你搜尋消息，打聽明牌，希望能夠發現黑馬，大賺一筆，此時「眾裡尋他千百度」，是爲第二境界。

最後，有賠有賺，你發現投資其實是有門道，掌握要訣你才能眞正賺錢，此時「驀然回首，那人卻在燈火闌珊處」，是爲第三境界。

「眾裡尋他千百度，驀然回首，那人卻在燈火闌珊處」正是我寫本書的心情和重點。

其實，「大道至簡」：靠自己不如靠別人。大海撈針，你撈得到寶嗎？如果你能站在巨人的肩膀上，你賺錢會更容易輕鬆！

非常幸運的，繼股神巴菲特之後，美國華爾街又出來一位女股神凱薩琳‧伍德（Catherine Wood），也被稱為「女巴菲特」。因此，如果你還未聽說過她，你應該進一步的去了解她的傳奇和超越傳統的投資方法。如果你聽說過她，本書可以提供你更深入、更全面的了解她的投資思維和策略。

1% 的人已採取行動，你可能還渾然不知！

百年難遇的機會，你不應該錯失！

英雄有英雄的特質！在企業界如此，在投資界也是如此！

女股神凱薩琳‧伍德就是具有這樣的特質。她的目光獨到、具有前瞻視野，而且大膽冷靜的投資手法無人

能及。

「有時候，即使是最驕傲的理財人士也可以將資金存入基金，而不是自己動手經營。」

上述這段話是華爾街塞斯特里亞（Cestrian）財務公司的一位資深投資人安德魯（Andrew）最近的告白。

他說：「最近，我們投入了自己的資金買入了凱薩琳‧伍德的兩支基金。該兩支基金在過去兩年中表現出色。雖然它們似乎存在不可思議的風險，但是回報卻是驚人，是一般理財專家所望塵不及的。」

為何這位女股神所操盤的基金表現如此出色，卻鮮有人知？即使在美國的投資界。

原因很簡單，在華爾街的資深投資專家的眼裡，凱薩琳‧伍德只是一個新手，而且管理的資金規模還很小。

但是這種狀況在最近這二年卻已開始轉變，隨著女股神所操盤的資金在科技類股票基金中勇奪第一，一年投資報酬率超過100％，華爾街已開始改變他們的看

法，他們開始對凱薩琳‧伍德刮目相看。

安德魯指出：「我們的塞斯特里亞財務公司專門投資創新公司的股票，我們的投資涵蓋了大量的雲計算公司。我們已經在技術上投資了很長時間，而且從未遇到過我們認為對該行業有特別深刻見解的基金經理。他們有一些好的選擇、壞的選擇，偶爾會有很大的動作，但是沒有人願意將我們的資金交給他們操盤。」

他又說：「但是我們的看法最近改變了。我們找到了一個。你可能已經知道了，那就是凱薩琳‧伍德。儘管她對我們來說是新手，而且管理的資產不大。我們認為對大多數人來說她都是一個新手，但她的績效卻超越了所有人。」

不僅華爾街的投資專家如此看法，《CNBC 商業頻道》、《MarketWatch 市場觀察》和《Yahoo Finance 雅虎財經新聞網》等財經電視台，以及《The Wall Street Journal 華爾街日報》、《Investor Business Daily 投資者商業日報》等財經報紙，還有《Fortune 財星》、

《Forbes 富比士》、《Money 錢雜誌》和《Bloomberg Businessweek 彭博商業周刊》等財經雜誌都已開始加入報導的行列，因此凱薩琳・伍德的女股神之名不脛而走，開始聲名大噪。

已經有越來越多的投資人注意到這位女股神，而且已經開始跟隨她的腳步投資。但是對於大多數的人來說，凱薩琳・伍德的名字聽起來還是很陌生。因此本書希望能夠介紹這位女股神的投資思維和策略以及她管理的基金特色，讓更多的人了解、追隨並因而投資致富。

CHAPTER 1

後巴菲特時代

物換星移，
巴菲特風光不再

　　從歷史的角度來看，第一次工業革命以後，全世界的富人排行榜，從 18 世紀末的石油大亨約翰‧洛克菲勒、鋼鐵大王安德魯‧卡內基到 19 世紀初的汽車大王亨利‧福特，都是從事重工業的。

　　但是到了 19 世紀後期則是從事電子業、科技業的新貴崛起，包括了微軟的比爾‧蓋茲、亞馬遜的傑佛瑞‧貝佐斯、臉書的馬克‧祖伯克等，而其中以理財致富的則以沃倫‧巴菲特為代表。

　　巴菲特是眾所皆知的股神，也是大家一直跟隨和學習的投資對象，從 1965 年創立伯克夏‧海瑟威（Berkshire Hathaway）公司開始，在過去的 35 年裡，巴菲特創造了年平均回報率 20.5％的傲人績效。

但是在 2020 年 5 月 2 日發布的第一季營收和盈餘報告，巴菲特管理的伯克夏・哈薩威公司公布了創紀錄的淨虧損近 500 億美元，原因是 2019 年底開始 COVID-19 新冠病毒的大流行再加上油價的暴跌打擊了該公司的投資價值。

另外的原因是持續了四年多來，巴菲特一直無法找到適合的大公司來投資購買股票，因而使得伯克夏・哈薩威公司擁有約 1,373 億美元的現金。

標準普爾 500 指數在 2020 年第一季度下跌了 20%，但是伯克夏・哈薩威公司擁有的幾家大型股跌幅更大，包括美國運通、美國銀行、富國銀行和四家航空公司（美國航空、達美航空、西南航空和聯合航空）。同時也造成柏林頓北方聖塔菲鐵路公司 BNSF 的營運下降，和時思糖果（See's Candies）巧克力店的零售業務暫時關閉。副董事長查理・芒格對《華爾街日報》表示，伯克夏・哈薩威公司旗下的一些小型企業可能會完全倒閉。

　　將巴菲特的投資績效和標準普爾 500 指數過去 20 年的表現做比較，可以發現有過半的年份巴菲特的投資績效均超越標準普爾 500 指數。尤其在 2000 年科技泡沫和 2008 年次貸危機引起的金融風暴中，巴菲特的投資回報更較標準普爾 500 指數高出逾 20%，表現突出。但是在 2019 年巴菲特的投資回報卻是 10 年來表現最差的，只有 11%，較標準普爾 500 指數的 31.5% 低了逾 20%。

　　更有甚者，2020 年上半年，巴菲特的投資回報為 -20%，落後標準普爾 500 指數約 16%，因此巴菲特在 5 月的股東會上曾提到，不能向股東承諾今年股價能超越標準普爾 500 指數。而且，由於過度保守，因此錯過了後來的股市反彈所形成的大升浪，更被市場擔心股神的風光是否仍能持續。

時代不同，
投資思維也要不同

在過去巴菲特管理的伯克夏‧哈薩威公司以投資舊經濟產業爲主，包括了可口可樂、寶鹼、嬌生等日用消費品，必治妥和輝瑞藥廠，美國運通、美國銀行、富國銀行、摩根大通銀行、Visa、MasterCard 以及四大航空公司、通用汽車、BNSF 鐵路公司、UPS 和西方石油、Suncor 森科能源等。

面對大環境的巨變，伯克夏‧哈薩威公司也不得不採取應變。2020 年 5 月 4 日，巴菲特表示，該集團已出售了其在美國航空業的全部股權，超過 40 億美元的股票價值。

自 2020 年 3 月份以來，由於新冠病毒的肆虐使得對航空旅行的需求下降。巴菲特說：「我不知道美國人

是否會因爲此次疫情而改變生活習慣，但我認爲航空業以及其他行業確實受到了遠遠超出我們控制範圍的事件而造成被迫關閉的傷害。」因此他只有採取壯士斷腕、快速止血的方式。

原本新冠病毒的發生造成股市巨大的衝擊，美國道瓊指數從 2020 年 2 月 12 日創下歷史新高的 29,551 點掉落，到 3 月 12 日一個月內下降了 20% 以上，跌到 21,200 點。結果它迫使美聯儲出面救市，讓股市 V 型反轉，產生戲劇性的變化。

3 月 16 日美聯儲宣布緊急降息，接著各國央行和政府隨之跟進。 17 日美國財政部又聯手美聯儲重拳出擊，於是市場開始反轉。

美聯儲宣布建立商業票據融資機制，這是 2008 年金融危機採取的特別措施。美國財政部表示將向紐約聯儲注入特別存款，提供 1 兆美元的信貸保護，開始購買一系列各年期美債，作爲每月購債操作的一部分。

美聯儲的購債措施確保企業的債務在短期內沒有被

迫償還的壓力，使企業能夠得到喘息的機會，不會導致連環的金融災難。

另外，川普政府也推出了一個 8,500 億美元的經濟刺激計劃，在一個月內向美國民眾發放共計 5,000 億美元的現金支票。

美聯儲救市，猶如一劑強心針，鼓舞了投資者的信心，但也造成資金氾濫。資金開始湧入股市，再加上民眾收到現金支票，有了錢的民眾紛紛開戶投入股市，希望能夠錢滾錢，因而造成散戶大量增加，其中最著名且專門吸引年輕投資人的「羅賓漢」（Robinhood）投資網站在 2020 年增加到了 1,300 萬人。

在股市大戶和螞蟻雄兵一起投入股市的推波助瀾下，美國股市道瓊指數在 2020 年 11 月 24 日又重返歷史高點。

新冠病毒的發生固然是巨大的黑天鵝事件，但也突顯了面對變化越來越快的世界，以巴菲特為代表的傳統投資思維面臨了不得不改變的挑戰。

以往，巴菲特從不投資科技業，因爲巴菲特自認爲不了解科技業，他認爲科技業複雜而且變化太大，因此他喜歡穩健而有長期發展的公司。但是造成巴菲特投資方向的改變，也可說是大時代的趨勢使然。如果不變，就會被潮流所淘汰。

事實上，近幾年來伯克夏・哈薩威公司已開始展開新的投資方向，譬如在 2016 年買入科技業的蘋果公司股票，在 2019 年 8 月買入了 StoneCo 金融科技公司股票，接著在該年底買入 Biogen 生技公司股票。並且在2020 年 2 月投資鮮爲人知的 Snowflake 雲數據倉儲公司股票，繼而於 3 月買入網路零售業的龍頭亞馬遜公司股票。

這些新的投資項目都已超越過去巴菲特的投資思維。

投資大眾必須面對的一個事實是：到 2020 年 8 月30 日巴菲特已經滿 90 歲了！因此可以說現在已經進入了後巴菲特的時代。

後巴菲特的時代，也可說是微利時代，利率趨近於零，如果不投資，金錢的價值越來越小。然而股市的變化莫測，大大超越一般人的預期。

由於資金的氾濫，造成股市空前的榮景，與實際的經濟狀況完全脫節，並且加劇造成富者越富、窮者越窮的兩極現象，因而逼使人們必須尋求更有利的投資管道，而散戶在亂世中更需要明燈的指引。

在諸多條件的因緣聚合下，新的股神也因此應運而出，而這位新的股神是一位女性的基金創辦人。

CHAPTER 2

女股神是誰

江山代有才人出，
各領風騷數十年

時勢造英雄，英雄造時勢。

本書要介紹的新一代的女股神就是創辦方舟投資
（ARK Invest）基金的凱薩琳・伍德（Catherine Wood）。

2019 年《財星》雜誌發布的年度「財星投資者指
南：2019 年來自《財星》專家的最佳投資建議」，凱
薩琳・伍德是唯一入選的最頂級專家。

2018 年凱薩琳・伍德被《彭博新聞》的編輯遴選
爲「彭博 50 強」名單中的第二位，該名單涵蓋了縱橫
全球業務的商業、娛樂、金融、政治、技術和科學領域
的所有人。

凱薩琳・伍德並且在 2018 年總統國際商業領袖論
壇上擔任活動主席，這是一個爲期 3 天非常獨特的活

動，活動目的在於吸引全球商業領袖並將他們和以色列在耶路撒冷推動的創新計畫聯繫起來。

2017 年 5 月，凱薩琳・伍德獲邀由希伯來大學在紐約舉辦的 NEXUS：ISRAEL 互動會議上擔任演講嘉賓，該會議匯集了領先的金融、投資和商業專業人士與來自各個領域如醫療健康、農業、奈米技術、環境與生命科學以及數位科技的創新者、企業家和諾貝爾獎得主。

2016 年凱薩琳・伍德獲得了《市場媒體》（Markets Media）頒發的「金融界女性傑出貢獻獎」。

由上述這一連串的美譽，可見凱薩琳・伍德的成就和貢獻已經倍受肯定，《富比士》稱她爲「最新的投資巨星」（The Newest Superstar Investor），的確，在今天她已經成爲新一代華爾街金融界的巨星。

由於凱薩琳・伍德管理的方舟投資基金在科技股的績效卓越，以投資「破壞性創新」的科技公司及其基金的高回報率獲得廣泛的關注，因此她也獲得「科技股女股神」、「女巴菲特」的稱號。

年輕嶄露頭角，
學業成績優異

　　1956 年出生於美國加州洛杉磯，凱薩琳‧伍德的父母是來自愛爾蘭的美國移民，在她成長的過程中父母對她的影響很大，他們一直鼓勵她去尋找自己的夢想，因此培養出她積極主動、樂觀奮鬥的精神，最後走向創業之路。

　　凱薩琳‧伍德在 1974 年於聖母學院（Notre Dame Academy）高中畢業，聖母學院是一所天主教大學的預備高中，致力於教育年輕女性通過實踐福音價值觀來改變自己。

　　為了回饋母校，也為了感恩父母，凱薩琳‧伍德在 2018 年捐贈聖母學院，以父母之名「達迪」（Duddy）成立達迪創新學院，教授其旗艦課程「破壞性創新」，

讓該學院為渴望伸展自己抱負的年輕女性提供具有挑戰性的教育經驗，並且讓學生在傳統的知識獲取領域之外進行學習，同時影響整個校園的新思維和學習方式。

高中畢業以後，凱瑟琳・伍德進入了南加大（USC）攻讀金融和經濟學，由於她的表現非常優異，引起了當時在南加大馬歇爾商學院任教的教授亞瑟・拉斐爾（Arthur Laffer）博士的賞識。

亞瑟・拉斐爾博士以在雷根總統執政期間擔任經濟政策諮詢委員會工作八年而聞名。同時他提出一個著名的「拉斐爾曲線」（LAFFER CURVE）的經濟理論，該理論認為根據「倒 U 型曲線」的發展，當稅率不斷增加，在人們認同大有為政府而可以忍受的範圍下，在倒 U 型的頂部存在著一個最佳稅率點，政府可以依此稅率獲得最大的稅收收入。

由於亞瑟・拉斐爾非常欣賞凱瑟琳・伍德的聰穎睿智和好學不倦，因此開始在經濟和商業領域指導她，並通過與她分享知識和人脈來幫助她發展她的職業生涯。

　　透過亞瑟・拉斐爾的推薦，1977 年到 1980 年凱瑟琳・伍德進入了洛杉磯的龍頭基金公司資本集團（Capital Group）擔任助理經濟學家的實習工作。在那段期間，她親眼目睹利率接近 20% 壓垮了經濟和市場。

　　1981 年凱瑟琳・伍德以優異的成績獲得了南加大的金融和經濟學學位並獲得最高級及優秀的拉丁文學位榮譽。

　　凱瑟琳・伍德在校時跟隨亞瑟・拉斐爾的學習，對她未來在投資行業中的工作有很大的影響和幫助。當然也由於凱瑟琳・伍德的天生智慧、好奇心和鍥而不懈的追求，推動了她的事業發展。

　　其實在進入社會以後，凱瑟琳・伍德一直和亞瑟・拉斐爾保持聯繫。根據《彭博新聞》在訪談凱瑟琳・伍德的過程中，凱瑟琳・伍德提到：「在很多方面，我和亞瑟・拉斐爾一直在相互指導對方。」

　　亞瑟・拉斐爾給予凱瑟琳・伍德事業發展上的建議，亞瑟・拉斐爾也運用了凱瑟琳・伍德在商業領域上

的實踐來幫助他的學術研究，這種良好的師生互動關係
也被傳爲美談。

職涯發展突出，
創造一流績效

　　大學畢業以後，凱瑟琳·伍德加入了現在的保
德信財務公司的證券投資部門詹尼森集團（Jennison
Associates）擔任經濟學家的工作。在那段期間，她預
告通貨膨脹率和利率已經達到頂峰，結果引來眾多的矚
目，超越了她的上司。事後證明她的預測是正確的，這
個經歷讓她體驗必須力排眾議、獨具慧眼，而不要人云
亦云是非常重要的。

　　有一段時間，她對在詹尼森的職業生涯發展感到沮
喪，想要研究個別公司，因此在一個星期五她就遞出辭
呈了，但被該公司的主管挽留，說服她在下週一重返公
司，並將她轉調到證券研究部門。

　　在 1980 年代末和 1990 年代初，凱瑟琳·伍德開

始研究新興的網路公司，實地的了解了隨著手機的普及而帶來的巨大經濟和社會的變革。

她在詹尼森集團工作了 18 年，擔任首席經濟學家、股票研究分析師、投資組合經理和董事。

1998 年，凱瑟琳·伍德加入圖珀洛資本管理（Tupelo Capital Management）公司，成為投資組合經理和合夥人。

2001 年，她移居紐約加入聯博（Alliance Bernstein）公司，擔任全球主題策略成長基金（Global Thematic Growth Fund）的投資長，管理超過 50 億美元的資金。

在這段期間她表現優異，她所掌控的基金均超越大盤的基準，包括《MSCI 世界所有國家的全球指數》和《晨星全球股票類別指數》。

但是，2008 年的金融風暴迎來了一個新的時代，在這個時代主動型基金經理人的表現不及標準普爾 500 指數，因而數萬億美元湧入了低成本的指數基金。

　　有鑑於此，凱瑟琳·伍德認為需要採取一種新的作為，因而在 2012 年她建議將積極管理的創新公司投資組合納入 ETF 的結構中，這個想法在聯博公司不被接受。

　　因此兩年後，也就是在聯博公司工作了 12 年後，她毅然而然辭職而自行創業，在 2014 年 1 月創立了方舟投資管理有限公司。

四十年磨一劍，
寶刀既出，誰與爭鋒！

　　事實上，凱薩琳·伍德在 2014 年創辦方舟基金時，已經 57 歲，正是不惑之年，從 1977 年到現在，她在投資行業工作了 40 多年，可以說是經過了完整的歷練。

　　但是成功並非一蹴可幾，根據《晨星新聞》的報導，在該公司成立的前兩年，方舟投資的績效落後於同業集團。到 2016 年底，僅吸引了 3.07 億美元的資產，而方舟投資公司的 0.75% 管理費已無法負擔日常的費用。

　　方舟投資初期碰到的問題是，許多大型機構投資者仍然不敢接受以投資創新企業為主的主動型基金，他們還是非常保守，不願冒險，寧可投資指數型的被動基

金。

　　爲了打開市場和繼續經營，她出售了 39% 的股份給日本的日光資產管理（Nikko Asset Management）公司和美國信標（American Beacon）共同基金公司，建立新的合夥關係和銷售管道。

　　2017 年，是方舟投資起飛的一年。它旗下的 Netflix 影音串流、Salesforce 軟體、Illumina 基因測序、Square 數位支付和 Athenahealth 數位醫療等股票價格飆升，使得資產增長了 10 倍。

　　方舟投資在大膽的預測、活躍的推特（Twitter）發布和在網上提供免費的研究報告上，開始建立了自己的聲譽和品牌。

　　根據《富比士》的保守估計，在 2017 年方舟投資的資產價值爲 5 億美元，凱瑟琳·伍德擁有 50% 以上的所有權，因此她的淨資產爲 2.5 億美元，在《富比士》第六屆「美國最富有的白手起家女性」年度排行榜上名列第 80 名。

　　到 2020 年，方舟投資的資產價值已經達到 345 億美元，凱瑟琳‧伍德的身價已不可同日而語。

　　凱薩琳‧伍德的成就並非浪得虛名，她所管理的方舟投資基金在面對 2020 年的股市大跌後反而表現更為優異，代表她的眼光精準，經得起市場的考驗。

CHAPTER 3

為何被稱為女股神

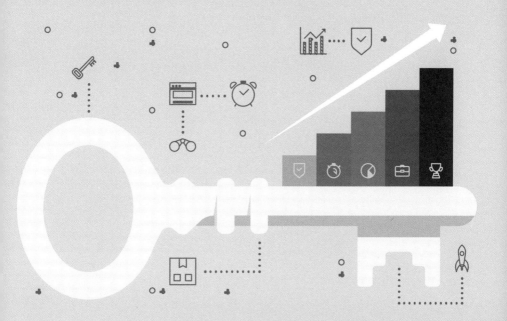

長江後浪推前浪，
一代新人勝舊人

　　傳統的基金在美國股票市場的年平均回報率若超過
20% 就算是神級基金了，自 1965 年來，巴菲特的年平
均回報率是 20.5%。

　　標普 500 指數是美國股票市場的指標，最初始於
1926 年，當時的綜合指數僅由 90 支股票組成。根據歷
史紀錄，自 1926 年成立以來至 2018 年的年平均回報率
約為 10-11%。自 1957 年到 2018 年將 500 支股票納入
指數以來，年平均回報率約為 8%。由此可見，一個基
金經理人能夠打敗大盤，已經非常的優秀了。

　　如果有一支基金的年平均回報率能夠達到大盤的
2-3 倍，當然會造成市場的轟動。

　　最近三年自 2018 年第一季度以來到 2020 年底，凱

薩琳‧伍德的「ARKK 方舟創新基金」年平均回報率獲得 36.39%，這是標準普爾 500 同期表現的三倍。因此凱薩琳‧伍德被稱為新一代的女股神是無庸置疑的了。

如果你要問新一代女股神到底有多神？讓我們進一步來了解凱薩琳‧伍德的投資績效。

根據《彭博新聞》的報導，在過去五年中的任何時期，凱薩琳‧伍德都已經躋身頂級理財大師的行列，並且一直是特斯拉（Tesla）公司最具說服力的支持者，迄今為止被認為對特斯拉的前景預測是最有先見之明的冠軍。

從下圖《彭博新聞》彙編的數據中顯示，自 2014 年 1 月方舟投資公司成立以來，她積極管理的「ARKK 方舟創新基金」（ARK Innovation ETF）在 584 支擁有至少 10 億美元資產的全球基金中表現最佳，在過去三年中以高達 165.2% 的回報率（收入加升值）擊敗了排名第二、歷史悠久且聲譽卓著的貝萊德（Blackrock）這樣的投資公司，也打敗了其他 99% 的基金。

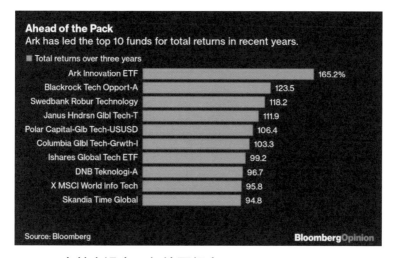

10 大基金過去三年總回報率（圖表取自：Bloomberg）

　　這段期間，「ARKK 方舟創新基金」增長了 1,173 倍，從 2014 年的 1,500 萬美元到 2020 年底變成了 176 億美元。

　　在過去三年中，根據《彭博新聞》彙編的數據，凱薩琳・伍德選擇的醫療保健巨頭朱諾醫療（Juno Therapeutics）和因維特（Invitae）分別獲得了 286% 和 173% 的回報率。同時，在非必需消費品公司中，

她選擇的電動車龍頭特斯拉和阿根廷電商自由市集（MercadoLibre）分別獲得了 656% 和 269% 的回報率。

另外，根據下表《Citywire Selector》彙編的數據，「ARKK 方舟創新基金」過去一年（從 2019 年 10 月 31 日到 2020 年 10 月 31 日）的回報率高達 108.7%，在 162 支科技類股票基金中排名第一。

排名	基金經理人	科技類股票基金	投資報酬率
1	凱薩琳・伍德（Catherine Wood）	American Beacon ARK Transformational Innovation	108.7%
2	Takeshi Noda	Nikko AM ARK Disruptive Innovation A	101.2%
2	勞倫斯・普拉格（Lawrence Prager）	Nikko AM ARK Disruptive Innovation A	101.2%
3	郭智偉（Zhi-Wei Guo）	UPAMC Global Innovative Tech	72.7%
4	金東尼（Tony Kim）	BGF World Technology A2	69.9%

（資料來源：Citywire Selector）

　　女股神和一般基金經理人最大的不同在於眼光獨特，凱薩琳‧伍德認為她們一直在向前看，而一般基金經理人則只緊盯著大盤，只希望他們的績效不要輸給大盤。

　　在 2020 年初接受《彭博商業周刊》訪問時，凱薩琳‧伍德表示：「我們一直在尋找下一件大事。」她說：「任何比照大盤標準在操作的人都是在向後看，它們與未來無關。而我們是一直在尋找什麼和未來有關，什麼是有用的。」

　　不但料事如神，女股神的膽識更是超人一等，是一般基金經理人所遠遠不及的。在投資特斯拉和比特幣上的做法就跌破眾人眼鏡，並且在新冠疫情大流行時危機入市，正如同巴菲特所說的：「當別人貪婪時我恐懼，當別人恐懼時我貪婪」。

逆勢操作，
在特斯拉一戰成名

　　大膽押注在特斯拉，而且力排眾議，當大多數人都看壞特斯拉，認為特斯拉現金快要用光、即將破產時，凱薩琳・伍德反而不斷加碼，增持特斯拉的股票。

　　在 2014 年推出方舟投資之後不久，凱薩琳・伍德就將特斯拉列為第五大持股。2018 年，在大多數分析師不看好特斯拉的狀況下，她反而逆勢把特斯拉的持股提高到該基金的第一名，占整個基金的 10%。

　　2016 年，當特斯拉暴跌 11%，75% 的分析師反對購買特斯拉的股票時，凱薩琳・伍德反而將特斯拉的持股增加了兩倍，達到 5,072 股。

　　2017 年即使特斯拉的股價上漲了 46%，68% 的分析師仍然看跌特斯拉，她又將持股增加了 13 倍以上，

達到 67,653 股。

2018 年當特斯拉股價又上漲 26% 時，70% 的分析師仍然不建議購買特斯拉，她再次把特斯拉的持股增加了幾乎一倍，達到 471,594 股。

2018 年 8 月初發生了一段插曲，特斯拉創辦人伊隆‧馬斯克（Elon Musk）發推文說：「我正在考慮以 420 美元的價格將特斯拉私有化。」這個訊息給市場投下了一顆震撼彈，它意味著特斯拉的股票將從股市下架。

凱薩琳‧伍德馬上發了一封信給馬斯克和他的董事會，力勸他不要將公司私有化，因為她看到特斯拉在五年內股價將漲到 700-4,000 美元。

她所預估的 4,000 美元的價格目標，是基於假設特斯拉從一家以生產電動車、毛利率為 19% 的製造商，發展成為一家透過無人自動駕駛計程車賺取大部分利潤的公司，屆時該業務將擁有 80% 的毛利率，因此 4,000 美元的估值還算是保守的。

　　凱薩琳・伍德的這封信給馬斯克留下了深刻的印象，讓他和董事會重新做了考慮，從而影響了他們的決策，到 8 月底的時候，馬斯克表示將特斯拉私有化的計劃並不是更好的途徑。

　　2019 年特斯拉股價繼續攀升 91%，在納斯達克 100 指數中表現最好，在 500 家市值最高的美國公司中排名第一。

　　當特斯拉股價持續上漲中，凱薩琳・伍德反而將她的持股減少到 292,000 股，只是爲了將特斯拉的持股保持在基金最高 10% 的水準。因爲如果不出售的話，特斯拉的持股將會超過整個基金的 20%。

　　凱薩琳・伍德仍然認爲特斯拉的股價被低估了，但大多數的分析師認爲這是荒謬的，他們堅持認爲沒有任何理由可以證明特斯拉的估值接近 1,500 億美元，比全球銷售領導者福斯集團（Volkswagen AG）的市值高 58%。

　　凱薩琳・伍德反駁說恰恰相反，她指出：當市場

上所謂的「特斯拉殺手」（Tesla killers）出現，包括中國的比亞迪、蔚來汽車，日本的日產，德國的福斯、BMW、賓士以及美國的通用、福特等開始銷售自己的電池電動汽車時，特斯拉在電動汽車的銷售佔有率不跌反升，反而提高了 1%，達到 18%。

她認為，傳統的汽車製造商將在電動汽車上蒙受損失，而特斯拉將因產量增加、成本降低而變得越來越有利可圖，並且在電池和芯片技術的研發生產上比競爭對手仍然領先數年。

此外，在無人自動駕駛汽車的實驗上，該公司還擁有 140 億英里的真實駕駛數據，與它最接近的競爭對手 Waymo 則只擁有 2,000 萬英里的數據。

她又提出預測說：特斯拉將組建一支價值 1 兆美元、100 萬輛的無人自動駕駛計程車（robo-taxis），因此到 2023 年其股價將飆升 20 或 30 倍。她在網上發布樂觀估計特斯拉的市值將達 1.4 兆美元，這意味著股票價格超過 4,000 美元，並且她還發布這項估值是如何計

算和這些估計背後的假設是什麼。

2019 年 3 月中旬，特斯拉的股價約為 285 美元，因此在凱薩琳・伍德提出未來的特斯拉股價估值達 4,000 美元後，馬上引起了軒然大波。

在華爾街的媒體如《彭博新聞》中立刻有一大堆憤怒的批評蜂擁而至。其中最有名的包括特斯拉做空者綠光投資的大衛・愛因霍恩（David Einhorn）和凱尼克集團的吉姆・查諾斯（Jim Chanos），還有紐約大學金融學教授阿斯瓦斯・達莫達蘭（Aswath Damodaran）。

吉姆・查諾斯以發現安隆（Enron）的欺詐行為而聞名，因此在華爾街發言頗具份量。

安隆是美國的一家能源公司，利用會計規範上的漏洞和造假的會計報告來掩蓋公司合同與專案失敗帶來的數十億美元債務，並向作帳的安達信會計師事務所施壓掩飾這些問題。結果，安隆醜聞案於 2001 年 10 月曝光，最後導致安隆公司破產，並連帶造成全球第五大的安達信會計師事務所解體。這個醜聞既是美國歷史上最

大的破產案，也是最大的審計失敗事件。

　　特斯拉的做空者一向對特斯拉不屑一顧，因為他們認為特斯拉只是不斷在畫餅充飢，欺騙投資者。尤其特斯拉的創辦人馬斯克更是一個毀譽參半的人。他胸懷大志、特立獨行，崇拜者視為偶像，是美國夢的實現者；而批評者則認為他好大喜功、剛愎自用，而且馬斯克本身的負面新聞不斷，譬如特斯拉未能實現預期的生產目標、資產負債表上負債累累、馬斯克在社交媒體上大放厥詞等。

　　批評言論指出：他們認為特斯拉沒有這個價值，凱薩琳・伍德的估值模型不包含現金流量折現分析，並且沒有包括特斯拉為擴大其汽車產量而產生的成本，還有將 1 兆美元的價值放在特斯拉不存在的無人自動駕駛計程車上完全是憑空捏造。

　　當時反對的聲浪比凱薩琳・伍德受到更多的關注，但是她完全不為所動。她指出：一般分析師無法判斷特斯拉的價值，特斯拉不是傳統的汽車業，而且特斯拉也

不僅只是電動車製造商，它更是自動駕駛汽車平台供應商，這是完全不同的商業模式，它正顛覆整個汽車業的生態，就如亞馬遜一樣。

她說：「特斯拉比大多數人意識到的更加是以軟體為中心，這是其他電動車製造商所不及的。而且特斯拉除了軟體優勢外，該公司在中國具有巨大的增長潛力，該國正在利用電動車解決空氣污染問題。」她還看到了這樣一個事實，即沃爾瑪和好市多等大型零售商現在正在轉向購買電動卡車，這對特斯拉來說是一個積極的訊號。

此外，特斯拉尚未進入無人自動駕駛領域，她又說：「如果我們對無人自動駕駛計程車的評估是正確的話，那 4,000 美元是保守的，因為它不包括中國的任何自動駕駛平台，那只是電動車的銷量而已。這會是市場上最令人興奮的故事之一，但它也是當今市場上令人恐懼的指標。」

「人們害怕創新，他們害怕波動。」她繼續指出：

「波動可能是一件好事，那就是人們在 90 年代後期所鍾愛的，現在他們認為波動只是在不利的方面發生，但事實並非如此。」

她更進一步指出：早期的投資者也對亞馬遜存疑，亞馬遜在 1997 年首次公開募股後的五年股價漲了 1,029%，接著在第二個五年又漲了 228%。而特斯拉在 2010 年首次公開募股後的五年已上漲 1,018%，自 2015 年以後又上漲 206%，情況非常類似。

16 個月後，特斯拉股價在 2020 年 8 月底前一度達到 2,318.49 美元，然後在 8 月 31 日股票一分為五以 400 多美元重新交易（美國熱門股票常有一分為二、一分為四等的分割作法，為了降低股票價格，讓一般投資者買得起）。

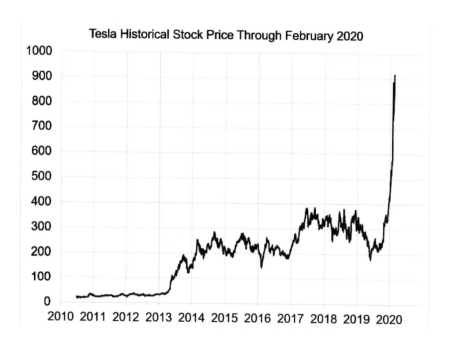

特斯拉股價歷史走勢（圖表取自：Investing.com）

　　換句話說，在對特斯拉的無人自動駕駛計程車和電池技術發展的樂觀猜測以及特斯拉的財報表現優於預期的推動下，特斯拉的股票上漲了 10 倍多。特斯拉目前

的市值是福特和通用汽車總和的 5 倍，非常驚人。

　　凱薩琳‧伍德指出：挑剔的懷疑論者錯過了大局的發展，隨著電動車日益成為主流，生產效率以及電池和其他技術的進步將降低其製造成本。繼而導致售價的下跌，需求將激增，包括來自「共享汽車」行業如 Uber 的需求。2020 年 9 月，馬斯克承諾將在三年內推出 25,000 美元的平價汽車，又是一大利多。

　　凱薩琳‧伍德甚至在 2020 年 10 月的最新評估中提出：「基於我們對電動汽車成本下降和需求的最新期望，以及我們對無人自動駕駛計程車潛在獲利能力的估計，2024 年特斯拉的每股預估價格為 7,000 美元。」

　　特斯拉一戰，讓凱薩琳‧伍德名利雙收，即使受到很多評論攻擊，她仍然甘之如飴。她說：「說實話，這讓我感到非常自在，因為這意味著如果我們做對了，那麼回報將是巨大的。」

　　她對走自己的路正確而感到欣慰，這幫助她將方舟投資變成了世界上增長最快、表現最好的投資公司之

一。方舟投資的資產達到 345 億美元，在 2020 年成長驚人，增加了 10 倍。

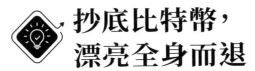

抄底比特幣，
漂亮全身而退

　　比特幣在 2009 年 1 月發行，是採用區塊鏈支付系統的一種虛擬貨幣。由於透過密碼技術來控制貨幣的生產和轉移，沒有中央發行機構，無法任意增發，交易在全球網路中執行，具有特殊的隱秘性，再加上不必經過第三方金融機構，因此得到越來越廣泛的應用。

　　凱薩琳‧伍德很早就發現這個趨勢，她認為比特幣具有很大的成長空間。由於她的基金不能直接持有這種加密貨幣，因此，她在 2015 年比特幣交易價格低於 250 美元時，購買了比特幣投資信託 GBTC 的股份。

　　GBTC 是第一個公開上市交易與比特幣價格連動的證券，GBTC 每股持有大約 0.00092 比特幣，因此，其價格大約為比特幣的 1/1000。

　　由於市場對比特幣的瘋狂吹捧，再加上比特幣的挖礦者紛紛投入，比特幣在 2016 年和 2017 年初急劇上升，到 2017 年底達到高峰，最高到 19,783.21 美元，2018 年初開始下跌。

　　在接近快 2 萬美元的歷史高點時，凱薩琳‧伍德賣出她的大部分持股，又是一次漂亮的出擊和完美的收割。

　　2017 年比特幣投資信託 GBTC 上漲了 1,550%，凱薩琳‧伍德旗下的「ARKK 方舟創新基金」也因為操作比特幣績效卓越，上漲了 87% 以上，因而在該年 11 月獲得了《ETF.com》頒發的「年度最佳 ETF 獎」。

　　「ARKK 方舟創新基金」的績效優於一般基金最大的原因是，凱薩琳‧伍德大膽的在她的投資組合中重押比特幣。通常一般基金對於看中的股票持有的數量大約占該投資組合的 6-10% 之間，但是比特幣卻是「ARKK 方舟創新基金」持有量最大的股票。

　　2018 年初凱薩琳‧伍德大幅削減比特幣的持股並

非她看壞比特幣的前景，而是由於當時透過比特幣進行的非法交易猖獗，引起主管機關的監控和稅收相關問題的因素，爲了降低風險才做的決定。

比特幣在 2019 年初跌到 3,400 美元附近，不過由於市場對壞消息已經麻木，再加上機構投資者逢低積極買入，帶動比特幣又急速回升。

值得注意的是凱薩琳‧伍德已經悄悄布局，再次看好比特幣的未來發展。

2019 年 4 月凱薩琳‧伍德說：「我們認爲比特幣是加密資產生態系統的一種儲備貨幣。它是目前所有加密資產中經過最嚴格測試的。在過去的 10 年中，比特幣採用的區塊鏈技術從未被駭客入侵。駭客入侵的都是像比特幣錢包這樣的軟體應用程式。」

2020 年 12 月比特幣又回到歷史高點，這次凱薩琳‧伍德再次發出驚人預測，她說比特幣的升勢只是剛開始，只要吸引更多機構投資者參與，日後有可能升至 40 萬至 50 萬美元。

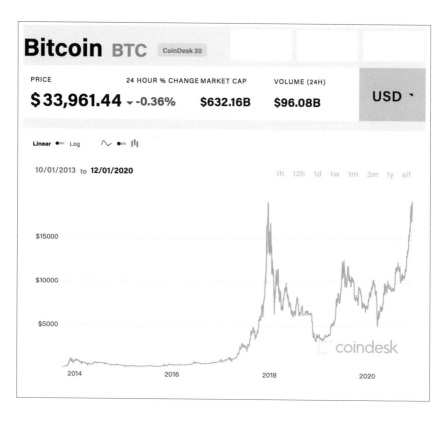

比特幣歷史走勢（圖表取自：coindesk）

　　凱薩琳·伍德的理由是：「中國雄心勃勃的推出央行數位貨幣（CBDC），為比特幣增加了合法性，使它成為法定貨幣系統中的等值美元，因此比特幣的升勢只是剛開始。」她解釋說：「部分投資者視比特幣為『數位黃金』，即黃金的替代品，作為抗通膨的工具。而美聯儲決定維持低利率，也是比特幣上升的其中一個原因。另外，機構投資者最近增加了對加密貨幣的投資，因此，如果愈來愈多機構投資者，如對沖基金加入市場，且增加比特幣的資產配置比率，比特幣價值有可能升至 40 萬至 50 萬美元。」

　　目前來說似乎不可思議，讓我們且拭目以待。

危機入市，
看好科技股發展未來前景

　　精準投資特斯拉和比特幣使凱薩琳·伍德在群雄之間脫穎而出，但是她一點都沒鬆懈，在 2020 年新冠疫情大流行、股市大跌時，她反而在危機入市，大量購買了她正確預測將帶動復甦的科技股，這又使得她旗下的「ARKK 方舟創新基金」的投資回報率達到 152%。

　　2020 年的動盪對方舟投資來說是個好消息。3 月當疫情大流行爆發並導致股票暴跌時，凱薩琳·伍德正確的預測了快速發展的科技公司將引領世界和金融市場復甦。

　　她將方舟的投資組合集中在特斯拉和其他熱門股的選擇中，包括 2U 教育軟體公司和 Zillow 房地產網路平台。然後，在夏末，當特斯拉飆升時，她削減了持股，

並在遭受重創的 Slack 雲端運算即時通訊軟體股票中建立了大部位的持股。

當然，伴隨著凱薩琳・伍德的成功，市場上開始充斥著各種模仿者。從寵物、體育賭博到在家工作等主動型的 ETF 紛紛出籠，基金巨頭如富達投資（Fidelity Investments）和普信集團（T. Rowe Price）都加入戰局，最近都推出了自己的主動型 ETF。

不過，凱薩琳・伍德絲毫沒有畏怯，她認為市場因競爭者的投入將更蓬勃發展，而她的管理基金方式並不容易被複製。

對於未來，凱薩琳・伍德仍然保持樂觀。她指出：雖然未來五年銀行、能源、交通運輸、醫療保健等各大行業的廣泛領域將因技術變革而面臨重大衝擊，導致許多員工離職、工人流離失所，並造成經濟成長停滯、通貨膨脹增長和股市的指數低於預期，但它反而為活躍的基金經理人提供了一個機會，可以選擇具有創新能力的贏家，這些贏家將會繼續推動市值增長，而且她認為市

場並沒有處在泡沫中。

這是一個瞬息萬變又令人不安的時代，科技進步的速度遠遠超過人們的想像。如果對凱薩琳·伍德的投資思維和策略有進一步的了解，廣大的投資者對未來的投資就會有更好的抉擇。

CHAPTER 4

女股神的投資思維
和策略

 高瞻遠矚、充滿洞見

　　外表斯文，配戴一副眼鏡，凱薩琳・伍德看起來一點都不像華爾街的人士。在她睿智的談吐中，你會感覺她更像是一位學者，或者是一位傳道士，非常堅定的訴說她創辦方舟投資基金的理念和她所看到的未來世界的變化以及支撐股市上漲的動力。

　　方舟投資基金，「方舟」（ARK）一詞來自《希伯來聖經・創世紀》中「諾亞方舟」（Noah's Ark）的典故，方舟是諾亞根據上帝的指示而建造的一艘巨船，建造的目的是為了讓諾亞與他的家人，以及世界上的各種陸上生物能夠躲避一場因上帝逞罰而造成的大洪水災難。凱薩琳據此為名，正是懷抱濟世的理想，希望帶給投資者一塊新的樂園、一盞照亮未來的明燈。

　　「方舟」英文 ARK 的命名亦來自「Active Research Knowledge」的首字縮寫，這也是她所秉持的經營理念 —— A：Active 是「主動」，R：Research 是「研究」，K：Knowledge 是「知識」。

　　在「主動」方面，有別於一般基金經理人的操作方式，他們都是以標準普爾 500（美國大型上市公司）、道瓊 30（藍籌股）、納斯達克 100（科技股）、羅素 2000（中小型上市公司）等指數所涵蓋的公司股票為投資依據，方舟投資則跳出這個框架，尋找具有「破壞性創新」的公司作為投資的標的。而且她的基金操作是每天進出股市買賣股票，調節手上的持股，採取主動出擊的方式，因此能夠掌握股市的脈動。

　　在「研究」方面，方舟投資會根據選定的「破壞性創新」投資主題做深入的研究，從中挖掘出最有潛力的公司和股票。而且他們的研究是結合了內部人才和外部專家一起合作做研究，此外他們還隨時對外公開他們的研究報告。

　　在「知識」方面，對於每一種科技的發展，方舟投資都會深入的去發掘他們的 Know-how，藉以獲得完整的知識，因此他們希望獲得的不是一般的知識，而是具有價值的深度知識。而且爲了得到這樣的知識，他們往往會邀請跨領域的專家和社會大眾一起來研討。

　　早在 2014 年凱薩琳‧伍德創立方舟投資公司接受媒體訪問，發表她的投資思維和策略時，《MarketTamer 市場馴服者》部落客湯馬斯‧佩帝（Thomas Petty）就指出：

　　「在《CNBC 商業頻道》、《Fox 商業新聞》和《彭博新聞》上出現的大多數基金經理似乎更像是二手車的推銷員，而不是徹底和廣泛閱讀、注重研究、依賴數據分析的投資專家，與這類商業頻道的受訪者相比，凱薩琳‧伍德才是眞正的投資巨人。」

　　根據湯馬斯‧佩帝的觀察，凱薩琳‧伍德最大的競爭優勢在於：她具有能夠把強大的經濟知識基礎整合在當前投資環境中的能力。

這種能力為凱薩琳・伍德提供了一個完美的視角，可以用來詮釋「破壞性創新」的領導者如何改變現有的經濟和社會。更重要的是，她對現代科技產品和服務的粗略了解並不感到滿意，相反的，她更深入的挖掘、尋找並吸收和這些產業變革有關的詳細資訊並且找出衡量它們的方法。

湯馬斯・佩帝說：「我對凱薩琳・伍德的個人生活一無所知，但她始終都能夠掌握事實、數據和正在形成的趨勢以及對當前市場的基本認識，因此人們可能會認為她好像一周 7 天、一天 24 小時都在研究市場趨勢、股票和投資組合的狀況。」

湯馬斯・佩帝更進一步的指出：凱薩琳・伍德的思考模式不但與眾不同，甚至超越政府政策制定者的思維。以政府取締「共享汽車」如 Uber 等為例，凱薩琳・伍德便有不同看法。

凱薩琳・伍德認為「共享汽車」便是一種「破壞性創新」，這種創新其實是利大於弊，她的看法如下：

　　以美國的開車族來說，平均在車上只花費 4% 的時間，這意味著在平均每天 96% 的時間裡，一般人的汽車是「非生產性資產」！它們不流動，變成「固定資產」。

　　因此如果人們參與「汽車共享」，汽車的資產將變得更有生產力，也因而帶來的影響包括：減少擁有汽車的成本和汽車銷量下降。還有節約了人們大量的費用，「共享汽車」的平均費用是個人汽車的一半，大約是計程車的 0.5%。

　　假設「共享汽車」的普及率僅提高到 5%，那麼在五年內經濟大國的汽車銷量將從目前的 1,600-1,700 萬輛下降到 700-800 萬輛！

　　當然，這個統計數據將對當前的經濟產生衝擊，但這卻是一件好事，因為擱淺的資產已被激活，讓經濟變得更有效率。同時，停車位的需求減少，讓房地產能有更多的生產性利用。到 2035 年，美國每年的 GDP 將增加 11.6 兆美元。

從這樣的推論，我們可以了解凱薩琳・伍德的思考模式多麼具有洞見，當然她的這種看法也受到傳統汽車業者和計程車者的抵制。然而，由此可見她的思想、知識和詳盡研究的深度、廣度和範圍遠超過一般的投資專家。

再舉一例來說，當前「殖利率曲線倒掛」（Inverted Yield Curves）的現象究竟是帶來經濟衰退還是通貨緊縮的繁榮？一般的投資人認為是前者，凱薩琳・伍德卻認為是後者，她對問題的思考完全與眾不同。

當短期公債的殖利率大於長期公債的殖利率就稱為「殖利率曲線倒掛」，在美國這種現象從 2019 年便出現，因此一般人開始擔憂經濟要進入蕭條期。

在 2019 年奇點大學（Singularity University）舉辦的「全球高峰論壇」（Global Sumit）中，凱薩琳・伍德受邀演講，她指出：

「由於目前殖利率曲線倒掛，因此投資者似乎已經準備好迎接壞消息了。的確在過去的 100 年中，殖利率

曲線倒掛預示了大約一年之內的衰退，如下圖：

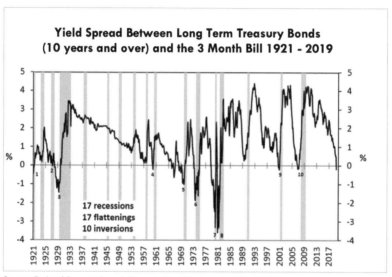

Source: Federal Reserve Board. Through May 2019. Last plot is May 31.

1921-2019 年殖利率曲線圖（資料來源：美聯儲）

　　但是如果仔細研究，你會發現 1929 年前 50 年，殖利率曲線倒掛反而帶來通貨緊縮的繁榮。

　　造成 1871-1921 年的經濟繁榮是由於內燃機、電話

和電力的發明同時發生，帶來產量大增和生產力大幅提高，而通貨膨脹率卻低得出乎意料，從而形成了通貨緊縮的繁榮和殖利率曲線倒掛的現象，如下圖：

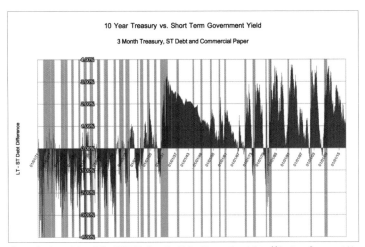

Source: dqydj.com, Robert Shiller, NBER, F.R. Macaulay, Federal Reserve Board; https://dqydj.com/long-run-yield-curve-inversions-illustrated-1871-2018/

1871-2018 年殖利率曲線圖（資料來源：dqydj.com）

上圖顯示，1871-1921 年和過去 100 年的情況不同，殖利率曲線呈正的狀況很少見，原因是短期利率由

於實際經濟的快速增長而上升，而長期利率由於通貨膨脹率的降低而下降，從而形成了刺激股市的良性循環。

因此我們相信，創新正以自 19 世紀初以來前所未有的速度加快，這是 100 年來的第一次，它引起了一系列異常的經濟訊號，這些訊號激起了人們的恐懼、不確定性和懷疑。但是，我們認為這些訊號可能預示著繁榮時期的到來。」

這是凱薩琳·伍德認為此次的「殖利率曲線倒掛」不會造成經濟衰退，而是會像 1871-1921 年一樣帶來通貨緊縮的繁榮，原因是今天的科技創新已超過十九世紀的工業革命。

由此可見，凱薩琳·伍德不是一般傳統的標準型基金經理人，即使她的創造力和創新思維並不認同於華爾街不願冒險、思想僵化的投資人，她還是勇往直前。

迎接新一代的工業革命、擁抱破壞性創新

　　大家都知道，科技的創新每 10 年一變，從 1960 年的大型電腦時代開始，1970 年迷你電腦出現，1980 年個人電腦當道，1990 年互聯網來臨，2000 年手機大流行，2010 年數位媒體蓬勃發展，到現在進入的大數據、物聯網時代，科技的進步不但一日千里，而且越來越快。

　　不僅如此，科技的創新不是在單一的領域誕生，而是在多領域同時發生，帶來了人類的另一次重大變革。

　　在年輕時目睹 2000 年科技的勃興，造成網路公司如雨後春筍的出現，最後成為改變社會經濟的一股新興力量，凱薩琳・伍德意識到當前人類面臨的變革，將是空前巨大，遠甚於過去，而且超乎一般人所能想像的。

　　她指出：「這次人類面臨的變革將超越十九世紀末期的工業革命，在當時三個創新平台同時發展並改變了世界的運作方式，也改變了人類的生活，帶來了長期的繁榮。」

　　「由於電話、汽車和電力的引入，隨著成本的下降，全世界的生產力急劇增長，從而創造了各個產業的需求。」她說：「今天，我們相信，由於同時發展著五個創新平台，全球經濟正在經歷歷史上最大的技術轉型。」

創新平台對經濟活動的估計影響

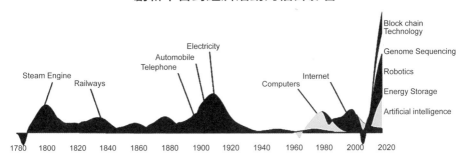

（資料來源：ARK Investment Management LLC, 2018）

　　而這次來自五方面的科技創新，包括「人工智能」（Artificial Intelligence, AI）、「能源儲存」（Energy Storage）、「機器人技術」（Robotics）、「基因測序」（DNA Sequencing）、「區塊鏈技術」（Blockchain Technology）的同時發生，涵蓋14種不同科技的發展，也將帶來新一代的技術革新，並為人類帶來空前的榮景。

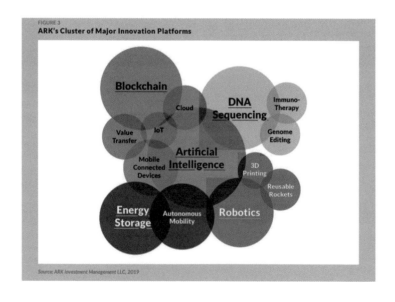

FIGURE 3
ARK's Cluster of Major Innovation Platforms

Source: ARK Investment Management LLC, 2019

　　而在「人工智能」、「能源儲存」、「機器人技術」、「基因測序」、「區塊鏈技術」這五個領域的創新就是凱薩琳‧伍德所說的「破壞性創性」。

　　「破壞性創新」（Disruptive innovation）或稱「顛覆式創新」一詞，來自哈佛大學教授克萊頓‧克里斯汀（Clayton Christensen）於 1997 年發表的著作《創新的兩難》（Innovator's Dilemma）中所提出。

　　「破壞性創新」是指透過科技性的創新，新產品或新服務改變了現有市場的消費行為，帶來了破壞性的變革。

　　事實上，管理大師彼得‧杜拉克（Peter Drucker）早在 1968 年即在他出版的《不連續的時代》（The Age of Discontinuity）一書中指出，未來將大大不同於過去，是個不連續、斷裂的時代。

　　這種不連續、斷裂的現象將出現於四個層面：

一、包括量子物理、生物化學等新技術的產生，將催生全新產業和全新形態的大企業。

二、世界經濟體系的大變動，使得「世界」本身成為一個大市場，帶來了「地球村」和「跨國企業」的發展。

三、社會和經濟生活的政治形態急速變化，產生多元化機構的新社會，人們面臨新的政治、哲學和精神上的挑戰。

四、知識成為經濟的主要資產。這是最重要的變化，由此改變了勞力和工作、教與學、知識的意義和政策，同樣也加重了知識分子的責任。

彼得・杜拉克的預言早已實現，今天我們面臨的是另一個不連續、斷裂的時代，電腦取代了傳統的文書作業、數位相機取代了軟片、手機取代了傳統電話、維基百科取代了大英百科全書、數位媒體取代了大眾媒體，未來數位支付將取代現金、電動車取代汽油車、機器人取代人工作業、遠距醫療取代現有的醫療，諸如此類的變革將會鋪天蓋地的發展出來。

因此，凱薩琳・伍德發現這些「破壞性創新」，不

僅帶來人類未來經濟和生活的變化，同時也存在巨大的投資機會。

　　根據方舟投資一年一次的《2020 Big Idea》年報，「破壞性創新」帶來的未來商機如下：

· 以「基因測序」來說，「基因測序」初期的研發費用非常高，但是今天「基因測序」已經到了真正成熟、投資可以獲利的時期。自 2015 年以來「基因測序」的成本從近 30,000 美元已降到 1,500 美元以下。

因此，「基因測序」的收入預估將年增 43%，從 2019 年的 35 億美元到 2024 年增加為 210 億美元。

· 以「數位錢包」來說，在美國「數位錢包」正快速的普及中，目前它的採用比社群媒體快 2 倍。同時「數位錢包」正在搶占信用卡的市場佔有率，銀行資產負債表上的循環信用卡債務數量將會從 2018 年的 7,400 億美元降到 2028 年的 4,830 億美元。結果，在未來的五到十年內銀行信用卡的利息收入可能會減少將近一半。

方舟投資預估到 2025 年美國將有 2.3 億人擁有「數位錢包」，價值超過 4.6 兆美元。

· 以「人工智能」來說，透過深度學習，「人工智能」系統可以看到、聽到，並能近距離的理解近似人類水準的自然語言。因此深度學習的「人工智能」將比互聯網更具影響力。

在 2018 年發展出來的互聯網大致創造了全球股票市值達到 10 兆美元，20 年後到 2037 年深度學習的「人工智能」將會帶來三倍的影響，使全球股票市值增加到 30 兆美元。

· 以「串流媒體」來說，串流技術提供互聯網上越來越多的內容，現在的消費者可以立即點閱大量的視頻、音頻和遊戲庫，因此「串流媒體」會重塑人們的觀看習慣。

「串流媒體」的收入預估在未來五年中，會從 2019 年的 860 億美元到 2024 年增長為 3,900 億美元。

· 以「電動車」來說，1996 年能源工業管理局（EIA）

和其他預測機構估計，電動汽車銷量到 2020 年初大概會有數十萬輛，結果到 2018 年電動車的銷量已達到 145 萬輛，2019 年銷量約 200 萬輛，因此能源工業管理局（EIA）和其他預測機構估計到 2024 年電動車的銷量大約 650 萬。

但是方舟投資對於電動車市場發展看法不同，根據萊特定律（Wright's Law），電池成本年降 18%，到 2022 年電動車價格將低於汽油車，因此到 2025 年電動車銷量將達到 4,000 萬輛。

· 以「機器人科技」來說，包括工業機器人、服務機器人和自動化系統。雖然許多觀察者認為自動化會減少工作機會，但是方舟投資認為自動化能夠讓人更有能力，能夠提高生產力和增加工資。

　　根據方舟投資的研究，「機器人科技」到 2024 年將使美國的 GDP 增加 8,000 億美元，到 2035 年將進一步增加 12 兆美元，使美國的 GDP 達到 40 兆美元，複

合成長率爲 2.4%。

‧ 以「3D 列印」來說，「3D 列印」縮短了設計和生產
　之間的時間，將權力轉移給設計師，並創造具有全新
　結構和更少浪費的產品，而且成本僅需傳統製造的一
　小部分。

　　方舟投資認爲「3D 列印」將徹底改變製造業，從
2019 年的 120 億美元增長到 2025 年的 1,200 億美元，
年平均成長率爲 65％。

　　由以上的報告可以發現，「破壞性創新」帶來的未
來商機非常龐大。然而儘管具有這麼大的潛力，但是這
些投資機會仍然未被傳統投資者所認識或了解，絕大多
數的大型投資機構對於當前的變革並沒有積極的作爲。

　　在 2000 年的科技泡沫之後，所有的基金經理和股
票分析師都趨於保守，他們認爲投資被動的指數型基金
比較安全、沒有風險。凱薩琳‧伍德認爲這是錯誤的思
考模式，因爲指數型基金只是一個過去歷史的標竿，它
是落後指標，而非未來指標。

　　由於傳統的基金經理人過於關注現有行業的變化和短期的股票價格走勢，而不關注「破壞性創新」公司所帶來的長期影響和增長潛力，因此這也是凱薩琳‧伍德創立方舟投資的最主要宗旨。

　　即使在創立了方舟投資，凱薩琳‧伍德發現一般大型的投資機構依舊對於創新的企業不重視也不考慮，因此她說：「我了解到，當分析師和投資組合經理認為某些公司太小或無法完美的融入他們現有的任何投資組合中時，這些通常是真正令人驚訝的成長機會。」因為如果能夠早期發現具有潛力的公司，未來的回報是驚人的。

　　在方舟投資的經營哲學裡，凱薩琳‧伍德指出：「創新是成長的關鍵。」在提到「為什麼要投資創新？」時，她說：「隨著時間的流逝，創新者會取代過去的產業龍頭、提高效率、獲得大多數的市場佔有率，並給投資者帶來獲利的機會。更重要的是，破壞性創新影響和關係著我們一生，改變了世界的運作方式。」

　　方舟投資所定義的「破壞性創新」是指一個產業或公司通過技術革新的新產品或新服務來改變整個行業的格局、顛覆傳統的產業生態。

　　方舟投資認為「破壞性創新」必須符合下列三個條件：

　　一、它會帶來成本的大幅降低，並創造大量的需求。

　　二、跨越行業和地域性，帶來更多創新的應用。

　　三、成為一個平台帶來更多的創新機會。

　　因而方舟所投資的「破壞性創新」的公司都是具有 15% 年成長率的公司，如果一個公司能夠年年成長 15%，產生「指數增長（或稱幾何級數增長）」（exponential growth），未來的獲利回報將是巨大的。

　　以亞馬遜為例，在過去的 20 年每年都以 25% 的比率成長，這在過去是認為不可能的，但科技的創新卻帶來了一個新時代的來臨，同時也充滿了無限商機。

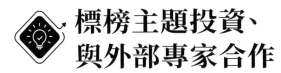標榜主題投資、與外部專家合作

　　方舟投資的最大特色，也是它和一般基金最大的不同就是：它採取「主題投資」（Thematic Investing）的方式來深入研究「破壞性創新」的產業，發掘具有發展潛力的公司和股票，意即它專注投資在具有「破壞性創新」的主題項目上，並且對選定的主題項目進行全新和全面的基礎分析。

　　所謂的「主題投資」係基於更廣泛的宏觀經濟課題，而不是一般產業的基準，尋求具有長期增長的行業、領域和市場規模。方舟投資最特殊的地方是選擇跨越多領域的「破壞性創新」主題。

　　方舟投資的另一獨特之處在於使用了「主題開發人員」，即運用外部專家來和該基金團隊一起合作研究有

前途的投資主題。

這些「主題開發人員」是與該基金合作的學者，他們提供有關方舟投資主題的寶貴見解。

「主題開發人員」是來自各個領域（通常是學術界）的思想領袖，他們提供了有關方舟投資研究主題之一的有意義的見解、經驗和知識。

而且，整個研究過程的資訊是公開透明的，方舟的團隊在這種資訊公開的狀況下和這些「主題開發人員」積極合作。

這些「主題開發人員」不會因參與方舟的研究流程而獲得任何形式的報酬，只能通過交流思想、知識和研究而受益。

此外，方舟投資的合同規定「主題開發人員」有義務遵守以下事項：不交換重大的非公開訊息、不披露有關方舟投資和其客戶的機密訊息，並且要向公司報告所有潛在或實際的利益衝突。

由於具有這樣超然的特質，因此他們所做的研究報告都是客觀和符合事實的。

嚴謹的選股策略、
開放外部參與

　　凱薩琳‧伍德採取自上而下和自下而上的方法來建立投資組合。

一、透過自上而下的研究來定義投資領域並評估機會

　　首先通過包括「群眾外包」（crowdsourcing）在內的任何可能的方式來尋找「破壞式創新」的項目，她甚至開放公司星期五下午的研究會議給外部人士，尤其是經濟學者，他們可以通過 Zoom 參與會議。

　　凱薩琳‧伍德和她的分析師團隊採取的投資方法是，在不參考任何指標或預先篩選的狀況下，對五個「破壞性創新」領域中的每個領域進行研究、評

估並選定最有成長潛力機會的公司和股票。

在這個階段，通過方舟投資建立的開放研究生態系統，投資組合經理和研究總監、分析師及外部專家之間可以有組織、有系統的交流見解，通過這種方式可以更深入的了解「破壞性創新」領域的內涵。由於方舟投資的分析師團隊是以跨行業的創新主題來組成，為的是能夠達到最大的整合綜效研究成果。因此，在獲得研究成果後，方舟投資的分析師團隊會進一步對成本曲線和需求的價格彈性進行模擬，以找出「破壞性創新」技術突破的切入點，然後藉以預測和量化多年的價值鏈轉型和市場機會。

二、透過自下而上的分析以確認機會和選定最有潛力的股票

一旦團隊選定了那支股票最具有發展潛力，便會制定自下而上的預測、投資簡介、投資論述、預期回報率和其他財務指標。同時還根據每支股票的公司文化、執行狀況、進入障礙、產品領導地位、價值

和風險評估等 6 個面向給予評分。

　　然後，他們會持續的監控選定的股票是否有新的研究見解、技術的變化或調整，同時在每週的股票研討會議上討論該股票得分方面的改變，並通知公司的投資組合管理階層做適度的持股調節。

　　並且他們還會毫無保留的在 Twitter、Facebook 和 Medium 等社群媒體平台上發布其研究報告和白皮書。這種方法不僅鼓勵創新型公司來主動接觸方舟投資，同時也鼓勵具有專業知識的人才來投效公司。

　　凱薩琳‧伍德說：「我們成功的很大一部分是借助社群媒體。當我們把我們的研究報告公開時，就會獲得該領域的創新者的回饋，他們會發信給我們，有些人問是不是把他的公司遺漏了？或是說你們有考慮到這個層面嗎？或是你們在這方面的評估錯了！透過這樣的大眾回饋意見，我認爲我們與大眾協作的研究生態系統可以使我們的研究內容更嚴謹，也讓新思想不斷的傳播出去。」

　　方舟投資在社群媒體上公開研究報告的方式和傳統的其他投資機構的作風截然不同。方舟投資的投資策略以及文章、部落格、視頻、白皮書和新聞通訊等都可在方舟投資的官網上找到。

　　凱薩琳・伍德經常在媒體上公開討論方舟投資對當前經濟、就業報告、政策法令等的看法，並說明她看好的產業和公司未來的前景發展，同時每一年底都會提出未來一年方舟的投資方向。

　　放棄商業機密似乎違反常理，但是凱薩琳・伍德表示：這引發了廣泛的討論，這些討論強化了方舟的投資策略。例如，卡內基梅隆大學的理工科教授文卡特・維斯瓦納森（Venkat Viswanathan）專注於能源轉換和儲存的研究，現在就經常與方舟的分析師分享他的最新研究成果。文卡特・維斯瓦納森教授也指出：「許多問題的本質上是跨學科的，因此你需要不同角度的專業知識來評估。」

　　凱薩琳・伍德相信真正的創新其成本會隨著時間而

下降，從而創造出眞正的需求。在對潛在資產進行評分時，方舟投資會著眼於企業文化和管理階層對成長計劃的執行情況。

只有在整個評估流程結束時，凱薩琳・伍德才會對公司進行估值，她只選擇五年內（方舟的最低預期持有期）能夠以每年 15% 的速度增長的公司。

凱薩琳・伍德認爲，當今的創新者與 90 年代後期的互聯網公司不同，它們遍布在各行各業。實際上，它們擴展快速並且產生更多的創新。

以美國加州聖地亞哥的 Illumina 公司爲例，凱薩琳・伍德認爲，這家基因測序的領導企業在幫助將最新科學應用於醫療保健的決策中發揮著關鍵性作用。

她解釋說：「我們預計在未來三到五年內，醫生能夠每隔一次體檢就進行病人的基因測序，因爲可以讓醫生能夠了解病人體內的那些基因已經突變。醫生之所以要這樣做，是因爲突變是疾病的最早階段，而突變只是基因中的排序錯誤。這項技術現在最早用於關於人類失

明的試驗之一是盲目的嬰兒。如果我們可以讓盲目的嬰
兒能夠看見，那不是奇蹟嗎？」

擁有一流團隊、
人才來自各方

　　方舟成功背後的秘訣就是凱薩琳・伍德擁有一支多元化、緊密聯繫的分析師團隊，他們每個人的角色都定位得非常好。

　　鮮為人知的是，幾乎沒有分析師是具有財務背景的。相反的，他們以前的職業包括了癌症研究人員、人工智能專家、遊戲工程師，甚至是帆船船長。這位前帆船船長薩姆・科魯斯（Sam Korus）目前是該公司自動化科技和機器人技術的分析師。

　　這個由 27 人組成的團隊由 1/4 的有色人種、30%的女性以及 20 多歲的年輕人組成。凱薩琳・伍德將公司的許多成功歸功於分析師們的廣泛經驗。

　　凱薩琳・伍德說：「你可能找不到如此更多元化的

一群人。他們對新世界具有極高的了解，而且非常清楚未來的世界將如何運轉，他們具有極強的創造力。」

她又說：「公司如果沒有聘請曾經做過 CRISPR 基因編輯技術的分析師，我甚至不知道基因編輯是什麼。」

方舟投資的另一位分析師詹姆斯・王（James Wang）專注於人工智能和下一代互聯網的研究。他之前曾經在全球視覺運算技術領導廠商與繪圖處理器（GPU）之發明者英偉達（Nvidia）公司工作，並為一家澳大利亞雜誌撰寫科技專欄。

在聽到凱薩琳・伍德接受《彭博新聞》的訪談後，便毛遂自薦於 2015 年加入方舟投資公司。他說：「如果我們所有人都來自財務背景，我們不可避免的會產生和市場所設定的預期股價相似且一致的觀點。」

因此，由於沒有財務背景，他們更能以專業的角度去評估一家創新型公司真正的潛在價值。

非裔美籍首席法務長凱利・卡特（Kellen Carter）

於 2016 年加入方舟，也是因爲方舟具有包容的環境。他說：「我就是最好例子，因爲我們所有人都擁有豐富的經驗，多樣性可以使公司的效率和生產力提高。」

麥肯錫公司（McKinsey & Co.）的研究也支持這個論點，他們的調查發現：種族多樣性排名在前四分之一的企業比排名在後四分之一的企業其效率和生產力高了 36%。

由於擁有一流和多元化的團隊，方舟投資一直能夠保持超強的投資回報率。在過去五年中，方舟投資擁有過去 15 年美國表現最佳的 15 支股票基金中的 3 支。在此期間，凱薩琳·伍德的「ARKW 方舟下一代互聯網基金」的年投資回報率超過 41%，與其相比的「Invesco QQQ 信託基金」的年投資回報率只有 22%。

凱薩琳·伍德寧願雇用年輕在分子生物學或電腦工程等領域具有背景知識的分析員，而不是雇用 MBA，因爲她認爲他們更有可能發現下一個趨勢。她把在「破壞性創新」領域所發掘的投資機會提供給大眾投資者，

尤其是在羅賓漢網站做投資的年輕千禧一代。

2020 年方舟投資的資產成長 10 倍，凱薩琳・伍德說：「新冠病毒的疫情大流行反而促使具有創新能力的公司如 Zoom 等更迅速發展，因為它們透過創新解決了問題。」

關心教育、
培養未來女性領袖

除了致力於「破壞性創新」領域的投資，她對下一代的教育更爲關心，尤其是培養年輕一代的女性領導人。

她於 2018 年在洛杉磯的高中母校聖母學院成立的達迪創新學院，已經讓學生們學習她所標榜的「破壞性創新」課程，介紹基因測序和機器人技術等領域的知識。凱薩琳・伍德已經從這些年輕人的提問中得到啟示，而且也讓她考慮未來將會羅致一些優秀的學生進入該公司工作。

她說：「我很想在美國各地推廣這一計劃，因爲也許等到他們上大學，再了解基因組革命、無人駕駛計程車或區塊鏈技術等知識爲時已晚了。」

　　凱薩琳・伍德完全了解女性在當今以男性爲主導的行業中試圖出人頭地時所面臨的挑戰，她希望她能激發下一代女性突破玻璃天花板的限制。

　　「你必須堅持下去、全力以赴，才能有所成就！」她說：「我非常專注於未來並走向自己想要的地方，我很喜歡成爲一位企業女士。」

　　凱薩琳・伍德不只是一位企業女士，而是一位具有卓見、洞察未來的女性企業家。透過她的投資思維和策略，可以讓你更清楚的看到未來科技的變化趨勢和投資方向。

CHAPTER 5

如何跟著女股神投資

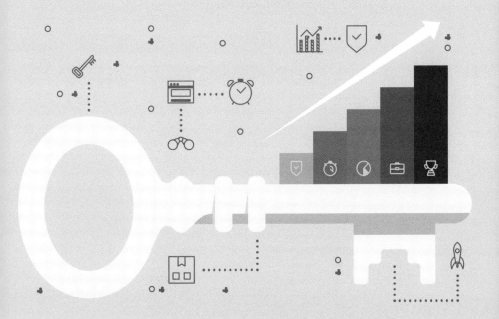

高人指路、投資不盲目

　　美國股市是全球最大、也是最開放和最成熟的金融交易市場，資訊透明，由於大多數公司市值龐大，股票買賣比較不容易被人爲炒作。而且，除了美國的大中小型企業以外，全世界的許多知名企業都在美國掛牌上市，其中包括了台灣的台積電、中國的阿里巴巴和騰訊等。

　　但是，對於一般人來說，美國股市猶如汪洋大海，每天在紐約證交所交易的股票大概有 3,200 多支，在納斯達克股票交易中心的股票大概有 3,700 多支，二者加起來超過 8,000 多支，因此要在海底撈針並不容易。

　　當然，相對來說也是充滿機會，池大魚多，捕獲的機率應該也會高很多，然而儘管財經新聞電視頻道、

財經網路視頻、財經報紙和雜誌充滿了各式各樣的專家、達人推薦的明牌，但是如何判斷何者是真正可靠的訊息，並不是那麼容易。因此，最簡單的方式就是讓高人指路，直接投資女股神凱薩琳・伍德旗下的基金或跟著女股神團隊挑選出來的股票操作，你賺錢會更輕鬆容易。

　　以下就讓我們來瞭解如何跟隨凱薩琳・伍德投資她管理的基金和股票。

 基金

對於工作繁忙，無法每天看盤或不想爲股市的上下起伏而操心的投資者，最簡單的方式就是定期定額的買入女股神凱薩琳・伍德旗下的基金，而且長期持有，如此每年都可以獲得 30% 左右的回報率（依過去 5 年績效推估），如果保守一點的話，應該也有 20% 的回報率，這樣的回報率遠優於大盤。

在 2020 年由於新冠疫情的肆虐，雖然造成股市的大跌，但是在美聯儲的救市下，凱薩琳・伍德旗下的「ARKK 方舟創新基金」投資報酬率高達 152%，因此投資人不應寄望 2021 年也會有如此高的回報率。

在 2020 年 12 月凱薩琳・伍德接受媒體專訪時也坦言：「如果未來股市修正 20% 也是正常的現象。」不

過凱薩琳‧伍德管理的基金，主要是著眼未來五年的市場發展和投資未來的潛力股，因此建議投資人購買她的基金不要短線操作，而是要分批買進，長線持有，才不會受到短期股價波動的影響。總之，投資有風險，投資人必須謹慎判斷。

　　凱薩琳‧伍德旗下的基金具有的特色包括：

‧投資創新：方舟投資致力於投資具有「破壞性創新」的公司，這些公司具有顛覆傳統產業的技術和能力，因此可以獲得最佳風險的回報機會。

‧增長潛力：方舟投資篩選的「破壞性創新」公司，皆是具有長期且高成長潛力的公司。

‧多元化：由於投資在多面向的創新領域，而且跳脫於傳統產業之外，因此提供了多元化的投資選擇機會。

‧深入研究：由內部團隊結合外部專家，並透過大眾意見的回饋，能夠深入了解和發掘最佳的創新型公司，藉以納入投資組合中。

‧成本效益：方舟投資的基金管理費只有 0.75%，費用

低廉，而且透過眞正的積極主動管理，使得基金的績
效卓著。

基金類別

在方舟投資的官網可以看到，目前它管理的基金包
括二類：

第一類：

積極管理的創新基金（Actively Managed Innovation
ETFs）

· ARKK 方舟創新基金

（ARK Innovation ETF）

· ARKQ 方舟自動化科技和機器人基金

（ARK Autonomous Technology & Robotics ETF）

· ARKW 方舟下一代互聯網基金

（ARK Next Generation Internet ETF）

· ARKG 方舟基因組革命基金

（ARK Genomic Revolution ETF）

‧ARKF 方舟金融科技創新基金

（ARK Fintech Innovation ETF）

第二類：

指數型創新基金（Indexed Innovation ETFs）

‧PRNT 3D 列印基金（The 3D Printing ETF）

‧IZRLI 以色列創新科技基金

（Israel Innovative Technology ETF）

這 7 支都是「ETF」，「ETF」是指可以在證券交易所交易的指數股票型基金，它能夠被動追蹤某一指數的表現，是一項指數化投資的商品。ETF 透過獨特交易架構的設計，使它可以像一般股票在集中市場掛牌交易。

一般投資者都以投資第一類基金為主，尤其是「ARKK 方舟創新基金」和「ARKW 方舟下一代互聯網基金」，是績效最佳的二支明星股。但是最近一年來，「ARKG 方舟基因組革命基金」表現優異，凱薩

琳‧伍德在 2020 年 10 月中指出，她已經將 30% 的資
金投入在這個領域中。

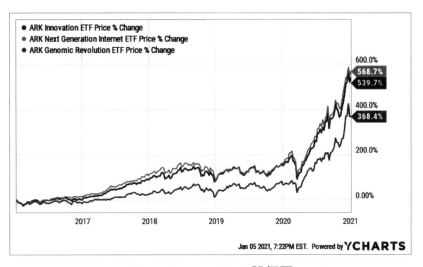

ARKK,ARKW,ARKG 股價圖

（2016-20200）（圖表取自：YCharts）

根據《CNBC 商業頻道》，方舟投資在 2021 年 1
月 13 日向美國證券交易委員會（SEC）提交公告指出，
計畫增加一檔「ARKX 太空探索基金」（Ark Space
Exploration ETF）。

「ARKX 太空探索基金」分為四大類：

1. 軌道航太類股（orbital aerospace companies）

   在軌道空間內發射、製造、維修或運營平台的公司，包括衛星和運載火箭。

2. 次軌道航太類股（suborbital aerospace companies）

   在次軌道空間內發射、製造、維修或運營平台的公司，包括無人機、空中出租車和電動飛機。

3. 科技支援類股（enabling technologies companies）

   為太空營運成功創造附加價值所需技術的公司，包括人工智能、機器人技術、3D 列印、材料和能源儲存。

4. 航太受益類股（aerospace beneficiary companies）

   可以從航太活動中受益的公司，包括農業、網路連結、全球定位系統、營建和攝影。

以下進一步介紹各基金的成立目的、績效和主要持股：

ARKK 方舟創新基金

· 成立目的

「ARKK 方舟創新基金」主要投資在和「破壞性創新」投資主題相關公司的國內外股票來尋求長期資本增長。

方舟資金將「破壞性創新」定義為引入具有創新技術功能的新產品或新服務，從而有可能改變世界的運作方式。

因此，「ARKK 方舟創新基金」至少 65% 投資於「基因組革命」、「能源儲存」、「自動化技術」、「下一代互聯網」和「金融科技創新」等領域的創新公司。

· 投資績效（到 12/31/2020 為止）

ARKK	3 個月	今年迄今為止	1 年	3 年 （年平均）	5 年 （年平均）	成立至今 （年平均）
資產淨值	37.44%	152.51%	152.51%	52.36%	45.40%	36.39%
市　值	37.55%	152.83%	152.83%	52.34%	46.03%	36.42%

（資料來源：ark-invest.com）

· 10 大持股（到 2/5/2021 爲止）

比重	公司	代號	股價	持股數量	市值
9.45%	TESLA INC	TSLA	$852.23	2,855,797	$2,433,795,877.31
6.66%	ROKU INC	ROKU	$439.89	3,898,313	$1,714,828,905.57
5.21%	TELADOC HEALTH	TDOC	$285.03	4,709,015	$1,342,210,545.45
4.66%	SQUARE INC	SQ	$240.38	4,992,810	$1,200,171,667.80
3.95%	CRISPR THERA-PEUTICS	CRSP	$168.81	6,023,237	$1,016,782,637.97
3.34%	INVITAE CORP	NVTA	$ 49.70	17,320,497	$ 860,828,700.90
2.99%	ZILLOW GROUP	Z	$156.77	4,918,412	$ 771,059,449.24
2.98%	BAIDU INC	BIDU	$270.13	2,846,039	$768,800,515.07
2.97%	SPOTIFY TECH	SPOT	$310.77	2,458,800	$764,121,276.00
2.59%	PROTO LABS INC	PRLB	$216.56	3,085,242	$668,140,007.52

（資料來源：ark-invest.com）

ARKQ 方舟自動化科技和機器人基金

・成立目的

「ARKQ 方舟自動化科技和機器人基金」主要投資在和「自動化科技」、「機器人技術」等投資主題相關公司的國內外股票來尋求長期資本增長。

因此，「ARKQ 方舟自動化科技和機器人基金」至少 80% 投資於「自動化運輸」、「機器人與自動化」、「3D 列印」、「能源儲存」、「太空探索」等領域的創新公司。

・投資績效（到 12/31/2020 為止）

ARKQ	3 個月	今年迄今為止	1 年	3 年 （年平均）	5 年 （年平均）	成立至今 （年平均）
資產淨值	34.08%	106.70%	106.70%	34.01%	33.30%	25.07%
市　值	34.11%	107.23%	107.23%	33.96%	33.46%	25.11%

（資料來源：ark-invest.com）

· 10 大持股（到 2/5/2021 為止）

比重	公司	代號	股價	持股數量	市值
10.45%	TESLA INC	TSLA	$ 852.23	429,045	$365,645,020.35
4.55%	BAIDU INC	BIDU	$ 270.13	590,030	$159,384,803.90
4.35%	TRIMBLE INC	TRMB	$ 72.27	2,106,739	$152,254,027.53
4.19%	DEERE & CO	DE	$ 309.24	474,223	$146,648,720.52
4.16%	JD.COM INC	JD	$ 96.64	1,505,717	$145,512,490.88
4.15%	MATERIALISE NV	MTLS	$ 71.00	2,045,445	$145,226,595.00
3.64%	ALPHABET INC	GOOG	$2098.00	60,649	$127,241,602.00
3.55%	KRATOS DEFENSE & SECURITY	KTOS	$ 29.29	4,248,022	$124,424,564.38
3.35%	TERADYNE INC	TER	$ 126.12	930,103	$117,304,590.36
3.06%	NANO DIMENSION LTD	NNDM	$ 14.90	7,182,363	$107,017,208.70

（資料來源：ark-invest.com）

ARKW 方舟下一代互聯網基金

· 成立目的

「ARKW 方舟下一代互聯網基金」主要投資在和「下一代互聯網」投資主題相關公司的國內外股票來尋求長期資本增長。

因此，「ARKW 方舟下一代互聯網基金」至少 80% 投資於「雲計算」與「網路安全」、「電子商務」、「大數據」與「AI 人工智能」、「移動技術」與「物聯網」、「社群平台」、「區塊鍊」和「P2P」等領域的創新公司。

· 投資績效（到 12/31/2020 為止）

ARKW	3個月	今年迄今為止	1年	3年（年平均）	5年（年平均）	成立至今（年平均）
資產淨值	36.56%	157.08%	157.08%	53.96%	49.33%	41.46%
市　值	36.52%	157.46%	157.46%	53.85%	49.88%	41.48%

（資料來源：ark-invest.com）

· 10 大持股（到 2/5/2021 為止）

比重	公司	代號	股價	持股數量	市值
9.23%	TESLA INC	TSLA	$852.23	852,984	$726,938,554.32
4.20%	TELADOC HEALTH INC	TDOC	$285.03	1,161,449	$331,047,808.47
3.92%	SQUARE INC	SQ	$240.38	1,283,208	$308,457,539.04
3.75%	ROKU INC	ROKU	$439.89	671,011	$295,171,028.79
3.67%	GRAYSCALE BITCOIN TRUST	GBTC	$ 37.88	7,628,784	$288,978,337.92
3.47%	TENCENT HOLDINGS LTD	TCEHY	$ 95.40	2,867,231	$273,533,837.40
3.13%	AGORA INC	API	$ 99.00	2,487,648	$246,277,152.00
3.07%	SPOTIFY TECH	SPOT	$310.77	779,076	$242,113,448.52
2.38%	NETFLIX INC	NFLX	$550.79	340,963	$187,799,010.77
2.26%	SEA LTD	SE	$256.76	694,411	$178,296,968.36

（資料來源：ark-invest.com）

ARKG 方舟基因組革命基金

‧成立目的

「ARKG 方舟基因組革命基金」主要投資在和「醫療保健」、「訊息技術」、「基因組革命」等投資主題相關公司的國內外股票來尋求長期資本增長。

因此，「ARKG 方舟基因組革命基金」至少 80% 投資於「基因編輯技術」、「標靶治療」、「生物訊息學」、「分子診斷」、「幹細胞」、「農業生物學」等領域的創新公司。

‧投資績效（到 12/31/2020 為止）

ARKG	3 個月	今年迄今為止	1 年	3 年（年平均）	5 年（年平均）	成立至今（年平均）
資產淨值	47.71%	180.50%	180.50%	59.48%	36.94%	29.85%
市　值	47.61%	180.55%	180.55%	59.23%	36.74%	29.85%

（資料來源：ark-invest.com）

· 10 大持股（到 2/5/2021 為止）

比重	公司	代號	股價	持股數量	市值
8.06%	TELADOC HEALTH INC	TDOC	$285.03	3,406,957	$971,084,953.71
5.32%	PACIFIC BIOSCIENCES	PACB	$ 36.22	17,686,053	$640,588,839.66
4.86%	TWIST BIOSCIENCE CORP	TWST	$106.01	3,705,315	$585,513,876.30
4.00%	CAREDX INC	CDNA	$ 88.72	5,434,767	$482,172,528.24
3.93%	EXACT SCIENCES CORP	EXAS	$144.59	3,273,815	$473,360,910.85
3.80%	REGENERON PHARMACEUTICALS	REGN	$498.98	918,079	$458,103,059.42
3.48%	VERTEX PHARMACEUTICALS INC	VRTX	$215.26	1,946,456	$418,994,118.56
3.40%	ROCHE HOLDINGS LTD	RHHBY	$ 42.96	9,544,134	$409,968,275.97
3.39%	FATE THERAPEUTICS INC	FATE	$105.19	3,882,107	$408,358,835.33
3.24%	IOVANCE BIOTHERAPEUTICS INC	IOVA	$ 49.65	7,873,937	$390,940,972.05

（資料來源：ark-invest.com）

ARKF 方舟金融科技創新基金

·成立目的

「ARKF 方舟金融科技創新基金」主要投資在和「金融科技創新」投資主題相關公司的國內外股票來尋求長期資本增長。

因此，「ARKF 方舟金融科技創新基金」至少80%投資於「交易創新」、「區塊鏈技術」、「風險轉化」、「無成本募資平台」、「客戶直接交易平台」、「新中介」等領域的創新公司。

·投資績效（到 09/12/31/2020 為止）

ARKF	3個月	今年迄今為止	1年	成立至今 （年平均）
資產淨值	26.02%	107.92%	107.92%	62.21%
市　　值	25.85%	108.07%	108.07%	62.34%

（資料來源：ark-invest.com）

· 10 大持股（到 2/5/2021 為止）

比重	公司	代號	股價	持股數量	市值
9.04%	SQUARE INC	SQ	$ 240.38	1,252,310	$301,030,277.80
4.73%	TENCENT HOLDINGS LTD	TCEHY	$ 95.40	1,650,542	$157,461,706.80
4.51%	ZILLOW GROUP INC	Z	$ 156.77	959,419	$150,408,116.63
4.42%	PAYPAL HOLDINGS INC	PYPL	$ 126.47	546,250	$147,181,600.00
4.05%	PINTEREST INC	PINS	$ 81.96	1,647,606	$135,037,787.76
3.87%	MERCADO-LIBRE INC	MELI	$1918.13	67,200	$128,898,336.00
3.75%	SEA LTD-ADR	SE	$ 256.76	486,079	$124,805,644.04
3.63%	INTERCON-TINENTAL EXCHANGE	ICE	$ 114.19	1,060,264	$121,071,546.16
3.37%	SILVERGATE CAPITAL CORP	SI	$ 125.50	894,217	$112,224,233.50
3.12%	ADYEN NV	ADYEN	$1884.50	45,794	$103,985,724.96

（資料來源：ark-invest.com）

PRNT 3D 列印基金

・成立目的

　「PRNT 3D 列印基金」追求和「3D 列印總指數」接近的投資績效（不包括費用和支出），該指數主要在追蹤和 3D 列印行業有關的公司的股價走勢。

　「3D 列印總指數」由美國、美國之外、開發中國家和台灣等證券交易所上市的公司股票證券和信託憑證所組成，涵蓋了「3D 列印硬體」、「CAD 電腦輔助設計」和「3D 列印模擬軟體」、「3D 列印中心」、「掃描和測量技術」、「3D 列印材料」等相關業務的公司股票。

・投資績效（到 12/31/2020 為止）

PRNT	3 個月	今年迄今為止	1 年	3 年（年平均）	成立至今（年平均）
資產淨值	31.83%	39.52%	39.52%	9.25%	11.42%
市　值	31.45%	40.18%	40.18%	9.22%	11.47%

（資料來源：ark-invest.com）

· 10 大持股（到 2/5/2021 為止）

比重	公司	代號	股價	持股數量	市值
9.83%	EXONE	XONE	$ 40.14	683,463	$44,687,099.34
6.55%	3D SYSTEMS CORP	DDD	$ 47.95	621,433	$29,797,712.35
6.16%	STRATASYS LTD	SSYS	$ 51.72	541,310	$27,996,553.20
4.85%	DESKTOP METAL INC	DM	$ 31.25	704,943	$22,029,468.75
4.51%	PROTO LABS INC	PRLB	$216.56	94,712	$20,510,830.72
4.37%	SLM SOLUTIONS GROUP	AM3D	$ 22.50	733,598	$19,888,849.39
4.28%	MGI DIGITAL GRAPHIC TECHNOLO	ALMDG	$ 56.50	85,783	$4,846,739.50
4.10%	PTC INC	PTC	$142.73	130,604	$18,641,108.92
3.99%	MICROSOFT CORP	MSFT	$242.20	74,972	$18,158,218.40
3.99%	RENISHAW PLC	RSW	$ 61.55	214,65	$18,151,280.02

（資料來源：ark-invest.com）

IZRL 以色列創新科技基金

· 成立目的

　　「IZRL 以色列創新科技基金」追求和「以色列創新指數」接近的投資績效（不包括費用和支出），該指數主要追蹤在以色列證券交易所上市的以色列「破壞性創新」公司的股價走勢。

　　「以色列創新指數」包括在以色列證券交易所上市的以色列公司股票證券和信託憑證，涵蓋了「基因組學」、「醫療保健」、「生物科技」、「工業」、「製造業」、「互聯網」、「訊息技術」等相關業務的公司股票。

· 投資績效（到 12/31/2020 為止）

IZRL	3 個月	今年迄今為止	1 年	成立至今（年平均）
資產淨值	18.33%	32.41%	32.41%	15.46%
市　　值	18.25%	33.63%	33.63%	15.65%

（資料來源：ark-invest.com）

· 10 大持股（到 2/5/2021 為止）

比重	公司	代號	股價	持股數量	市值
2.61%	GILAT SATELLITE NETWORKS LTD	GILT	$ 15.19	359,016	$5,453,453.04
2.46%	E & M COMPUTING	EMCO	$ 25.50	663,157	$5,142,549.76
2.42%	PERION NETWORK LTD	PERI	$ 20.43	247,452	$5,055,444.36
2.39%	INTERCURE LTD	INCR	$ 5.84	2,813,143	$4,996,048.21
2.28%	ENLIVEX THERAPEUTICS LTD	ENLV	$19.00	250,837	$4,765,903.00
2.24%	STRATASYS LTD	SSYS	$51.72	90,379	$4,674,401.88
1.89%	UROGEN PHARMA LTD	URGN UQ	$24.28	162,361	$3,942,125.08
1.87%	CAMTEK LTD	CAMT	$27.14	144,056	$3,908,959.56
1.85%	EVOGENE LTD	EVGN	$25.00	509,631	$3,874,519.14
1.81%	INMODE LTD	INMD	$67.77	55,749	$3,778,109.73

（資料來源：ark-invest.com）

個股

　　對於喜歡研究、分析和買賣股票有興趣的投資者，也可以依據方舟投資提供的買賣交易平台和參考方舟團隊挑選的個股親自操盤，投資的勝率應該會遠大於自己摸索或道聽塗說，而且會讓你更有成就感。

　　方舟投資向所有投資者公開他們每天的股票交易狀況，因此只要在方舟投資的官網 ark-invest.com 註冊，就可以每日收到方舟投資寄來的前一天買賣股票的清單，如下圖：

Latest Trades

	Fund	Date	Dorection	Ticker	CUSIP	Company	Shares	% of ETF
1	ARKF	12/10/2020	Buy	4477JP	J0433G101	BASE INC	87,600	0.4900
2	ARKG	12/10/2020	Buy	TMO	883556102	THERMO FISHER SCIENTIFIC INC	59,416	0.4901
3	ARKG	12/10/2020	Buy	TAK	874060205	TAKEDA PHARMACEUTICAL CO LTD	287,860	0.0951
4	ARKG	12/10/2020	Buy	SRPT	803607100	SAREPTA THERAPEUTICS INC	7,321	0.0205
5	ARKG	12/10/2020	Buy	RHHBY	771195104	ROCHE HOLDING AG	104,143	0.0790
6	ARKG	12/10/2020	Buy	GOOGL	02079K305	ALPHABET INC	19,000	0.5892
7	ARKG	12/10/2020	Buy	CSTL	14843C105	CASTLE BIOSCIENCES INC	86,697	0.0901
8	ARKG	12/10/2020	Sell	VCYT	92337F107	VERACYTE INC	33,072	0.0326
9	ARKK	12/10/2020	Buy	BEKE	482497104	KE HOLDINGS INC	170,600	0.0721
10	ARKK	12/10/2020	Buy	BIOU	056752108	BAIDU INC	173,825	0.1749
11	ARKK	12/10/2020	Sell	XONE	302104104	EXONE CO/THE	84,508	0.0063

（圖表取自：ark-invest.com）

　　或者你也可以上網 https://www.arktrack.com/，查詢「方舟投資基金持股追蹤器」（ARK Invest Active ETF Holdings Tracker），在這個網站可以追蹤到經過彙整的方舟持股狀況。

　　這是方舟投資的忠實投資者理查德（Richard），他個人在英國的 Trading 212 網路證券公司所提供的平台，整理方舟投資的每日持股動態，提供給其他投資者參考。

　　他特別強調：他不隸屬於 Trading 212 或方舟投

資，同時也不保證他所提供的數據準確性。所以，他希
望投資者不要僅僅根據在這個網站上看到的訊息來做出
投資決定，還是要自己研究做進一步的確認。

　　在這個網站上，你可以追蹤最近一日方舟投資的持
股狀況，如下圖：

ARKK / ARK Innovation ETF

📊 Table　　　〰 Graph　　　🍩 Pie

Company	Ticker	T212	T212 ISA	Shares on 12/10/20	Value on 12/10/20	Stock price on 12/10/20	Weight on 12/10/20
ORGANOVO HOLDINGS INC	ONVO	✓	✓	835,271	$6.38m	$7.64	0.04%
EXONE CO/THE	XONE	✓	✓	1,192,185	$14.18m	$11.89	0.09%
BAIDU INC - SPON ADR	BIDU	✓	✗	173,825	$27.52m	$158.32	0.17%
SYROS PHARMACEUTICALS INC	SYRS	✓	✓	5,097,545	$52.20m	$10.24	0.33%
HUYA INC-ADR	HUYA	✓	✗	5,623,852	$112.48m	$20.00	0.7%
SLACK TECHNOLOGIES INC- CL A	WORK	✓	✓	2,834,324	$119.95m	$42.32	0.75%

（圖表取自：arktrack.com）

或者追蹤最近一日方舟投資的持股變化，如下圖：

ARKK / ARK Innovation ETF

Company	Ticker	T212	T212 ISA	Shares on 12/9/20	Value on 12/9/20	Stock price on 12/9/20	Weight on 12/9/20	Shares on 12/10/20	Value on 12/10/20	Stock price on 12/10/20	Weight on 12/10/20	Shares difference
ORGANOVO HOLDINGS INC	ONVO	✓	✓	835,271	$6.47m	$7.75	0.04%	835,271	$6.38m	$7.64	0.04%	0
EXONE CO/THE	XONE	✓	✓	1,276,693	$15.00m	$11.75	0.1%	1,192,185	$14.18m	$11.89	0.09%	-84,508
BAIDU INC - SPON ADR ADDED	BIDU	✓	✗	n/a	n/a	n/a	n/a	173,825	$27.52m	$158.32	0.17%	173,825
SYROS PHARMACEUTICALS INC	SYRS	✓	✓	5,097,545	$50.06m	$9.82	0.33%	5,097,545	$52.20m	$10.24	0.33%	0
HUYA INC-ADR	HUYA	✓	✗	5,527,096	$110.98m	$20.08	0.74%	5,623,852	$112.48m	$20.00	0.7%	96,756

（圖表取自：arktrack.com）

或者追蹤最近一週方舟投資的持股變化，如下圖：

ARKK / ARK Innovation ETF

Company	Ticker	T212	T212 ISA	Shares on 12/3/20	Value on 12/3/20	Stock price on 12/3/20	Weight on 12/3/20	Shares on 12/10/20	Value on 12/10/20	Stock price on 12/10/20	Weight on 12/10/20	Shares difference
ORGANOVO HOLDINGS INC	ONVO	✓	✓	835,271	$6.79m	$8.13	0.05%	835,271	$6.38m	$7.64	0.04%	0
EXONE CO/THE	XONE	✓	✓	1,411,768	$16.55m	$11.72	0.12%	1,192,185	$14.18m	$11.89	0.09%	-219,583
BAIDU INC - SPON ADR ADDED	BIDU	✓	✗	n/a	n/a	n/a	n/a	173,825	$27.52m	$158.32	0.17%	173,825
SYROS PHARMACEUTICALS INC	SYRS	✓	✓	5,097,545	$38.95m	$7.64	0.28%	5,097,545	$52.20m	$10.24	0.33%	0
HUYA INC-ADR	HUYA	✓	✗	5,291,803	$102.61m	$19.39	0.75%	5,623,852	$112.48m	$20.00	0.7%	332,049

（圖表取自：arktrack.com）

或者追蹤最近一月方舟投資的持股變化，如下圖：

ARKK / ARK Innovation ETF

📊 Table　　〰 Graph　　🥧 Pie

Company	Ticker	T212	T212 ISA	Shares on 11/10/20	Value on 11/10/20	Stock price on 11/10/20	Weight on 11/10/20	Shares on 12/10/20	Value on 12/10/20	Stock price on 12/10/20	Weight on 12/10/20	Shares differenc
ORGANOVO HOLDINGS INC	ONVO	✓	✓	836,011	$7.62m	$9.11	0.07%	835,271	$6.38m	$7.64	0.04%	-740
EXONE CO/THE	XONE	✓	✓	1,875,279	$20.03m	$10.68	0.19%	1,192,185	$14.18m	$11.89	0.09%	-683,094
BAIDU INC - SPON ADR ADDED	BIDU	✓	✗	n/a	n/a	n/a	n/a	173,825	$27.52m	$158.32	0.17%	173,825
SYROS PHARMACEUTICALS INC	SYRS	✓	✓	5,102,055	$42.25m	$8.28	0.4%	5,097,545	$52.20m	$10.24	0.33%	-4,510
HUYA INC-ADR	HUYA	✓	✗	4,841,017	$96.38m	$19.91	0.92%	5,623,852	$112.48m	$20.00	0.7%	782,835

（圖表取自：arktrack.com）

或者自訂追蹤日期，譬如追蹤 2020 年 10 月 16 日
到 11 月 30 日方舟投資的持股變化，如下圖：

ARKK / ARK Innovation ETF

📊 Table　　〰 Graph　　🥧 Pie

Company	Ticker	T212	T212 ISA	Shares on 10/16/20	Value on 10/16/20	Stock price on 10/16/20	Weight on 10/16/20	Shares on 11/30/20	Value on 11/30/20	Stock price on 11/30/20	Weight on 11/30/20	Shares differenc
ORGANOVO HOLDINGS INC	ONVO	✓	✓	838,729	$8.10m	$9.66	0.08%	835,271	$7.14m	$8.55	0.05%	-3,458
DOUYU INTERNATIONAL HOLD-ADR	DOYU	✓	✗	1,216,005	$18.58m	$15.28	0.17%	828,047	$10.98m	$13.26	0.08%	-387,958
EXONE CO/THE	XONE	✓	✓	2,012,565	$24.55m	$12.20	0.23%	1,467,356	$17.49m	$11.92	0.13%	-545,209
SYROS PHARMACEUTICALS INC	SYRS	✓	✓	6,554,634	$55.06m	$8.40	0.51%	5,097,545	$41.54m	$8.15	0.31%	-1,457,08
SEA LTD-ADR	SE	✓	✗	310,428	$51.28m	$165.20	0.48%	351,702	$63.44m	$180.37	0.48%	41,274

（圖表取自：arktrack.com）

　　在持股變化中最後面還會備註買賣的理由，包括：新購股票（Entered new position）、增加持股部位（Increase position）、在下跌中持股不變（Held for loss）、在上漲中持股不變（Held for gain）、在下跌中增加持股（Bought on downtrend）、在上漲中增加持股（Bought on uptrend）、在下跌中賣出股票（Sell on uptrend）、在上漲中賣出股票（Sold on uptrend）。

　　這個網站所提供的資訊非常實用，讓投資者可以一目了然，非常清楚方舟投資的持股比重和變化，因此可以作為個股投資的參考。

　　另外，有二個網站也很方便可以追蹤到經過彙整的方舟持股狀況：

1.https://cathiesark.com/

　　這個網站最上一排依序為：ARKK、ARKQ、ARKF、ARKG、ARKW 方舟投資的 5 支基金和 COMBINED（綜合）六個類別。

然後下面分為 Holdings（持股）、Trades（交易）、
Weight Rankings（持股比重排名）、Trends（趨勢）、
Performan（績效）五個選項。如下圖：

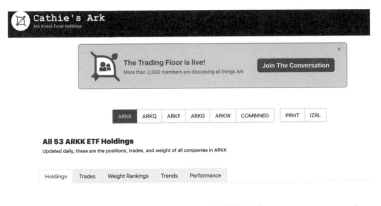

（圖表取自：cathiesark.com）

先選基金類別或綜合，再選下列任一選項，可以看
到：

・Holdings（持股）：會顯示該基金所有持股的代號
（Ticker）、價格（Quote）、持股比重（Weight）、
市值（Market Cap）和個股同時在那幾個基金被持有
（Funds）。如下圖：

Company ⇳		Ticker ⇳	Earnings Date ⇳	Weight ⇳	Market Cap ⇳	Ark Ownership % ⇳	Funds ⇳
	Tesla, Inc.	TSLA	Wednesday, Jan 27th	9.88%	$827.32b	0.29%	ARKK
	Roku, Inc.	ROKU		6.78%	$53.15b	3.77%	ARKK
	Teladoc Health, Inc.	TDOC		4.98%	$38.68b	3.17%	ARKK
	Square, Inc.	SQ		4.5%	$102.65b	1.27%	ARKF

Updated: Feb 3rd 8:01 AM

（圖表取自：cathiesark.com）

· Trades（交易）：按照日期（最近在最上面）顯示個股買或賣的狀況，和買賣的股數以及在該基金中的持股比重。如下圖：

Ticker ⇳		Date	Direction ⇳	Shares ⇳	Fund Weight ⇳	Fund ⇳
	FATE	January 28, 2021	BUY	1515		ARKK
	ONVO	January 19, 2021	SELL	51832		ARKK
	ONVO	January 14, 2021	SELL	65073		ARKK
	MCRB	January 14, 2021	SELL	38693		ARKK
	MCRB	January 13, 2021	SELL	33987		ARKK

（圖表取自：cathiesark.com）

．Weight Rankings（持股比重排名）：在這裡可以看到
一個密密麻麻的線條圖，它顯示基金內所有持股比重
的變化。如下圖：

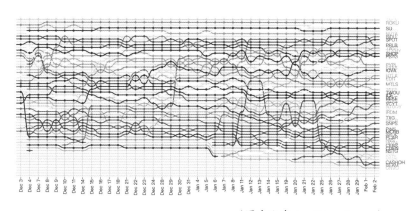

（圖表取自：cathiesark.com）

有趣的是，點入圖中的線條會顯示個股持股變化，
可以看出該股最近是買進或賣出。如下二圖，上圖爲買
進（如 BIDU 百度），下圖爲賣出（如 WORK）：

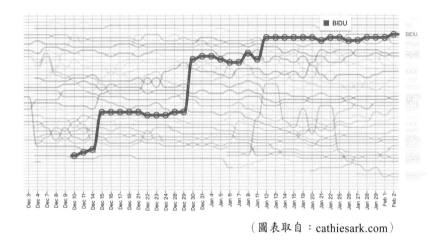

（圖表取自：cathiesark.com）

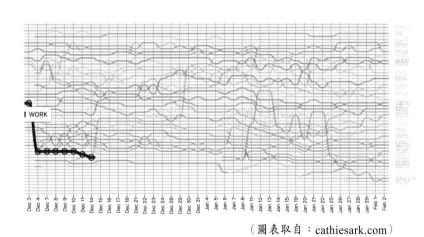

（圖表取自：cathiesark.com）

‧Trends（趨勢）：在這裡可以看到一個條狀圖，它顯示了過去 45 個交易日中個股持股的變化，右邊是增加，左邊是減少。而且上方條形越長，代表買入的股份百分比越多；相對的下方條形越長，代表賣出的股份百分比越多，若賣出的股份百分比達到 -100% 即代表已完全出清。如下圖：

Click on any bar to see more details of the position.

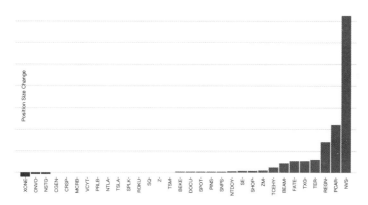

（圖表取自：cathiesark.com）

　　還可以進一步點入個股的條柱，可以看到個股（如
TSM 台積電）的價格和數量變化。如下圖：

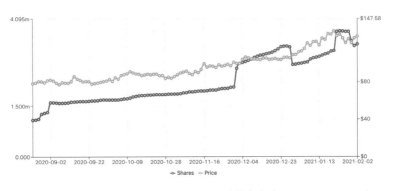

ARKK Holdings of TSMC (TSM) - Updated Daily

（圖表取自：cathiesark.com）

・Performance（績效）：在這裡可以看到一個塊狀拼
　圖，它顯示了 1 天、7 天、30 天、60 天基金內所有
　持股的增減百分比狀況。

　　綠色塊狀是增加，紅色塊狀是減少。下圖是以游標

點 TSM（台積電）時顯示 60 天內持股增加了 0.34%。

（圖表取自：cathiesark.com）

　　同樣的，該網站也特別聲明：它和凱薩琳·伍德完全無關，而且也不保證它所提供的圖形、數字和表格是完全正確的。

2.https://like-paris.com/nanashuomeigu/

　　這個網站是由訂閱人數超過 10 萬以上、《Na Na 說美股》節目的 Youtuber 網路達人 Na Na 在她的官網

中所提供，也是非常實用。

在 Na Na 的 官 網 中 點 擊「ARK FUNDS MONITOR」（方舟基金監控）的長方形按鈕就可打開進入以下頁面：

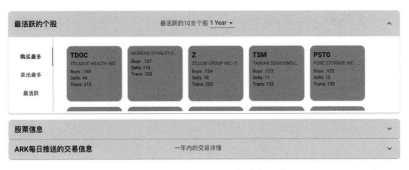

（圖表取自：like-paris.com）

最大的特色是介紹最活躍的 10 支個股，可以顯示 1 天、1 週、2 週、1 月、2 月和從 11/12/2019 至今最活躍的個股狀況。

點進 10 支最活躍的個股中任何一支，會顯示走勢圖、公司訊息和相關新聞。走勢圖上有 5 天、10 天、

20 天的平均線，可以隨游標顯示不同日期的股價。下圖是 2020 年 12 月 17 日 IOVNANCE 生技公司（股票代號 IOVA）30 天的走勢圖：

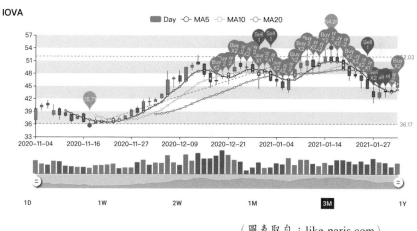

（圖表取自：like-paris.com）

這個網站最簡潔，也最適合以技術分析為主、以消息面為輔，買賣操作個股的投資人來參考。

以下進一步分析方舟投資基金持股比重較高的 10 大持股：

10 大比重高持股

1. TESLA INC（股票代號 TSLA）

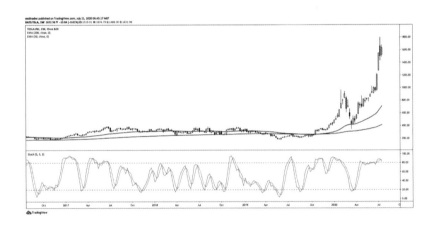

Tesla 週線圖（2017-2020） （圖表取自：TradingView.com）

　　特斯拉（Tesla）公司，前身爲特斯拉汽車（Tesla Motors）公司，2013 年由伊隆‧馬斯克創立，現在是全球最大電動汽車生產商之一，該公司銷售轎車、SUV 和卡車。除電動汽車外，特斯拉還擴展到了能源發電和

儲存系統。

在 2020 年，特斯拉創造了 282 億美元的收入和淨收益 5.56 億美元，到 12 月 30 日為止該公司的市值為6,689.1 億美元，按市值計算，它是全球最大的汽車公司。相比之下，特斯拉的市值大約是通用（GM）汽車公司的 10 倍，而且也超過了全球五大汽車公司的市值總和。

特斯拉股票在「ARKK 方舟創新基金」、「ARKQ方舟自動化科技和機器人基金」和「ARKW 方舟下一代互聯網基金」都是持股比重最高的股票，並於 2020年 12 月 21 日加入標準普爾 500 指數和標準普爾 100 指數。

特斯拉應該是美國股市中最受爭議的公司，也是2020 年最引人注目的市場故事，因為特斯拉在 2020 年驚人的估值升幅令人難以置信，而且它的股價上漲也已經違背了傳統觀念。到 12 月 30 日為止，特斯拉的股價從 2020 年迄今已上漲超過 656%。同一時期，道瓊工

業指數只上漲 5.8%、標準普爾 500 指數上漲 14.4%、納斯達克指數上漲 40% 以上。

特斯拉的本益比為 1,340，而標準普爾 500 指數 2020 年的平均本益比為 26.79，因此市場不免擔憂它的股價是否太貴。

特斯拉所以擁有如此高的估值，最主要的原因是投資者看的不是眼前，而是未來的 10-20 年。

假設到 2030 年特斯拉賣出 1,000 萬輛汽車，平均價格為 5 萬美元（包括 SUV 和卡車），將帶來 5,000 億美元的銷售額，利潤率為 20%，則每年可以創造 1,000 億美元的利潤，市值將達 25,000 億美元或更多，因此特斯拉目前大約 6,000 億美元的市值不算高估，何況還沒計入無人自動駕駛計程車的收益。

無論如何，由於它龐大的規模和在科技行業中所占有的份量，特斯拉未來的業績將對美國股市產生更廣泛的影響。

◆財務報表（2020/12/30）

價值衡量

市值	6,689.1 億美元
本益比	1,340
股價營收比（最近 12 個月）	25.49
股價淨值比（最近一季）	41.73

獲利能力

淨利率	1.97%
營業利潤率（最近 12 個月）	6.11%

管理效率

資產報酬率（最近 12 個月）	2.74%
股東權益報酬率（最近 12 個月）	5.59%

損益表

營業收入（最近 12 個月）	281.8 億美元

每股盈餘（最近 12 個月）　　　　　　　　　　30.67 美元

季營收成長率（同比）　　　　　　　　　　　　39.20%

毛利　　　　　　　　　　　　　　　　　　40.7 億美元

季盈餘成長率（同比）　　　　　　　　　　　131.50%

資產負債表

總負債（最近一季）　　　　　　　　　　151.6 億美元

總負債 / 資產（最近一季）　　　　　　　　　　86.65

流動比率（最近一季）　　　　　　　　　　　　1.63

每股帳面價值（最近一季）　　　　　　　　16.91 美元

現金流量

營業現金流量（最近 12 個月）　　　　　　43.5 億美元

2. TELADOC HEALTH INC（股票代號 TDOC）

Teladoc Health 日線圖（6/2019-6/2020）

（圖表取自：stockcharts.com）

泰樂多健康公司（Teladoc Health, Inc.）成立於

2002 年，前身爲泰樂多公司（Teladoc Inc.），在 2018 年更名，總部位於紐約，是一家遠程醫療服務公司，提供一系列的服務和解決方案。

它提供的醫療服務涵蓋了各種臨床狀況，包括非關鍵、突發性護理，慢性和複雜病例，如流感、上呼吸道感染、癌症和充血性心力衰竭等，包括450個醫學專科。

此外，並提供了遠程醫療解決方案、專家醫療服務、行爲健康解決方案、指導和支持以及平台和專案服務。

遠程醫療解決方案包含遠距監測患者、出院後的治療規劃、居家及慢性照護。

公司解決方案提供雇主保健規劃及保健系統可遠距連接隨選保健，其平台提供會員連接醫師、臨床計劃、用戶契約策略，及醫療保健間廣泛的相互連結性。

公司平台服務，可以透過手機、網路、視訊和電話使患者獲得集成的智能用戶體驗。

泰樂多的公司業務透過醫療中介者、經銷商及顧

問等通道夥伴的拓展，客戶範圍涵蓋大中小型企業、醫院、醫療衛生系統以及保險和金融服務公司等。

泰樂多健康公司股票在「ARKK 方舟創新基金」、「ARKW 方舟下一代互聯網基金」和「ARKG 方舟基因組革命基金」都是持股比重很高的股票。

隨著新冠疫情大流行帶動人們對醫療保健的需求增加，並造成了社交隔離政策，因此遠程醫療服務正在迅速擴展。美國國會並且通過一項規定，放寬了在美國醫療計劃下使用遠程醫療服務的限制，因為遠程醫療為醫生提供了一種方法，使他們能夠看到病人而不會導致現場看病受感染的危險。

雖然許多大型公開上市的醫療服務公司，如聯合健康集團（UnitedHealth Group Inc.）和哈門納公司（Humana Inc.）正在拓展遠程醫療服務的領域，但是大多數單純的遠程醫療服務公司都是私有的，只有泰樂多健康公司是公開上市公司，因此在 2019-2020 年中，它的股價大幅上漲，表現大大的超越了大盤。

◆財務報表（2020/12/30）

價值衡量

市值	289.9 億美元
本益比	N/A
股價營收比（最近 12 個月）	17.64
股價淨值比（最近一季）	12.99

獲利能力

淨利率	-12.71%
營業利潤率（最近 12 個月）	-3.50%

管理效率

資產報酬率（最近 12 個月）	-0.76%
股東權益報酬率（最近 12 個月）	-6.84%

損益表

營業收入（最近 12 個月）	8.67 億美元

每股盈餘（最近 12 個月）	11.33 美元
季營收成長率（同比）	109.30%
毛利	3.68 億美元
季盈餘成長率（同比）	N/A

資產負債表

總負債（最近一季）	10.1 億美元
總負債 / 資產（最近一季）	45.48
流動比率（最近一季）	6.52
每股帳面價值（最近一季）	26.45 美元

現金流量

營業現金流量（最近 12 個月）	7,955 萬美元

3. ROKU INC（股票代號 ROKU）

Roku 日線圖（2018-2020）（圖表取自：TradingView.com）

　　Roku 公司成立於 2002 年，總部位於加州洛思加圖斯（Los Gatos），主要是銷售播放器和經營電視串流平台。

　　Roku 的播放器看起來像是數位機上盒，這個播放器可以透過 WiFi 網路，將網路影音的畫面連結到電視螢幕上。

Roku 的平台可以將各個串流媒體的各種電影和電視劇集，以及現場體育、音樂、新聞等整合在單一的電視螢幕上。

截至 2020 年 12 月 31 日，該公司擁有 4,600 萬月活躍客戶。它還提供廣告產品，包括視頻廣告、品牌贊助等；Roku 也跟電視廠商合作，推出 Roku TV。

它的業務遍及美國、加拿大、英國、法國、愛爾蘭、墨西哥和各個拉丁美洲國家。

Roku 股票在「ARKK 方舟創新基金」持股比重第二高，在「ARKW 方舟下一代互聯網基金」持股比重第四高。

在 2020 年 12 月 17 日 HBO Max 宣布和 Roku 合作後，Roku 股票升至歷史新高，從年初至今 Roku 的回報率達到驚人的 240%。由於 Roku 在串流平台具有的領導優勢，分析師對其後勢仍然看好。

◆財務報表（2020/12/30）

價值衡量

市值	421.4 億美元
本益比	N/A
股價營收比（最近 12 個月）	26.26
股價淨值比（最近一季）	34.65

獲利能力

淨利率	-6.53%
營業利潤率（最近 12 個月）	-6.42%

管理效率

資產報酬率（最近 12 個月）	-4.12%
股東權益報酬率（最近 12 個月）	-11.97%

損益表

營業收入（最近 12 個月）	15.4 億美元

每股盈餘（最近 12 個月）　　　　　　　　　　12.64 美元

季營收成長率（同比）　　　　　　　　　　　　73.10%

毛利　　　　　　　　　　　　　　　　　　　4.95 億美元

季盈餘成長率（同比）　　　　　　　　　　　　　　N/A

資產負債表

總負債（最近一季）　　　　　　　　　　　　4.39 億美元

總負債 / 資產（最近一季）　　　　　　　　　　　36.10

流動比率（最近一季）　　　　　　　　　　　　　3.29

每股帳面價值（最近一季）　　　　　　　　　9.59 美元

現金流量

營業現金流量（最近 12 個月）　　　　　　9,000 萬美元

4. SQUARE INC - A（股票代號 SQ）

Square 日線圖（2015-2020）（圖表取自：TradingView.com）

　　Square 公司於 2009 年成立，總部位於加州舊金山。業務遍及美國、英國、愛爾蘭、加拿大、澳洲和日本，向數百萬的店家以及超過 3,000 萬的消費者提供支付、軟體、金融服務和終端設備。

　　Square 是一個電子支付系統，它允許用戶通過手機在 Square 設備上刷卡。Square 分為硬體產品、軟體產品和金融服務三方面：

在硬體產品方面，包括 Magstripe 讀卡器，可以進行刷卡交易；Square Stand，可用 iPad 作支付工具；Square 收銀機可用於智慧型手機或平板，以及櫃台的交易；Square 終端機，一種便於攜帶式支付設備，可以接受各種支付款。

在軟體產品方面，包括收銀系統（Square POS）、虛擬終端機（Square Virtual Terminal）、預訂功能（Square Appointment）、數位帳單支付（Square Invoices）、零售店適用（Square for Retail）、餐廳適用（Square for Restaurants）、網路商店（Square Online Store）、會員卡（Square Loyalty）、禮品卡（Square Gift Cards）等。

在金融服務方面，包括實體卡（Square Card、Cash Card）、轉帳增值服務（Instant Deposit、Direct Deposit）、Cash App 中的投資功能（比特幣、股票）以及貸款服務（Square Capital、Square Installment）。

Square 股票在「ARKF 方舟金融科技創新基金」是

持股比重最高的股票，另外在「ARKK 方舟創新基金」
和「ARKW 方舟下一代互聯網基金」也都是持股比重
很高的股票。

2020 年新冠疫情期間實體商家無法開業，雖然影
響使用 Square 讀卡機的小型商家用戶，但是 Square 其
他業務仍然蓬勃發展，尤其是快速成長的 P2P 支付服
務的「Square Cash app」。

作為消費者的電子錢包和投資平台，「Square
Cash app」在提供免費轉帳支付功能的基礎上，增加了
Cash 借記卡、Cash 優惠、比特幣投資、直接匯款、股
票投資等一系列功能。

因此憑藉良好的用戶體驗、P2P 轉帳的網路效應以
及大力的行銷推廣，其每月活躍交易用戶數從 2015 年
底的 100 萬到 2020 年增長到 3,000 萬以上，每戶的平
均收入也從 2017 年的 15 美元提升至 2019 年的 30 美
元，成為公司新的增長引擎。

而且在 2020 年 3-4 月期間的直接存款規模就足足

成長了兩倍，因為美國的許多消費者就是透過「Square Cash app」來獲得政府發放的現金支票補助。因此 Square 股票的價格在 2020 年上漲了三倍。

◆財務報表（2020/12/30）

價值衡量

市值	981.4 億美元
本益比	324
股價營收比（最近 12 個月）	13.61
股價淨值比（最近一季）	47.58

獲利能力

淨利率	4.05%
營業利潤率（最近 12 個月）	-0.61%

管理效率

資產報酬率（最近 12 個月）	-0.48%

股東權益報酬率（最近 12 個月）	18.72%

損益表

營業收入（最近 12 個月）	76.5 億美元
每股盈餘（最近 12 個月）	17.49 美元
季營收成長率（同比）	139.60%
毛利	19 億美元
季盈餘成長率（同比）	24.20%

資產負債表

總負債（最近一季）	26.7 億美元
總負債 / 資產（最近一季）	129.35
流動比率（最近一季）	1.70
每股帳面價值（最近一季）	4.61 美元

現金流量

營業現金流量（最近 12 個月）	3.21 億美元

5. CRISPR THERAPEUTICS AG（股票代號 CRSP）

CRISPR Therapeutics 日線圖（02-12/2020）

（圖表取自：Finviz.com）

CRISPR Therapeutics 是一家生物科技公司，總部位於瑞士楚格（Zug, Switzerland），主要在瑞士、美國及英國利用其專利 CRISPR/Cas9 基因編輯平台，開發基於重組基因之重大疾病藥物，此 CRISPR/Cas9 技術能夠改變基因體 DNA。

該公司與拜耳（Bayer）、福泰製藥（Vertex）及

維塞特（ViaCyte）策略合作，共同開發以 CRISPR 基因編輯爲主之療法用於其他疾病的治療。

它的治療計劃包括：血紅蛋白病、腫瘤、再生醫學和罕見疾病。

該公司的主要候選產品是 CTX001，這是一種由 CRISPR 基因編輯的療法，用於治療患有輸血依賴的 β 地中海貧血或嚴重鐮刀狀細胞疾病的患者，它可以將患者的造血幹細胞經過工程改造以產生高水準的胎兒血紅蛋白細胞。

它也正在開發 CTX110，這是一種透過基因編輯的同種異體 CAR-T 療法，針對 19 種陽性惡性腫瘤採取標靶治療。同時，該公司正在開發包含針對 B 細胞成熟抗原的 CTX120 的異基因 CAR-T 程序，以治療多發性骨髓瘤；以及 CTX130 用於治療實性瘤和血液系統惡性腫瘤。

此外，它還參與制定糖尿病的再生醫學計劃；以及體內和其他遺傳疾病計劃來治療糖原貯積病 Ia 型、肌

肉萎縮症和囊性纖維化。

CRISPR Therapeutics 股票在「ARKK 方舟創新基金」持股比重相當高。

CRISPR Therapeutics 的 CTX001 於 2019 年 2 月啟動了 I / II 期臨床實驗研究，第一位進行鐮刀狀細胞研究的患者在 2019 年年中接受輸液。該基因療法係與福泰製藥（Vertex）合作開發，以治療依賴於輸血的 β 地中海貧血。

因此在 4 月，CRISPR Therapeutics 獲得美國 FDA 食品和藥物管理局「快速通道指定」。「快速通道指定」的意義是，該公司可以提供研究成果與 FDA 更頻繁的互動，同時對行銷應用計劃的加快審核，這將會加快開發進度。受到此消息的影響，該股票大幅上漲，在 2020 年股價又漲了 4 倍。

◆財務報表（2020/12/30）

價值衡量

市值	109 億美元
本益比	124.34
股價營收比（最近 12 個月）	128.67
股價淨值比（最近一季）	8.12

獲利能力

淨利率	-273.10%
營業利潤率（最近 12 個月）	-304.65%

管理效率

資產報酬率（最近 12 個月）	-13.36%
股東權益報酬率（最近 12 個月）	-21.84%

損益表

營業收入（最近 12 個月）	7,736 萬美元

每股盈餘（最近 12 個月）	1.24 美元
季營收成長率（同比）	-99.90%
毛利	1,102 萬美元
季盈餘成長率（同比）	N/A

資產負債表

總負債（最近一季）	13.7 億美元
總負債 / 資產（最近一季）	3.66
流動比率（最近一季）	16.53
每股帳面價值（最近一季）	19.03 美元

現金流量

營業現金流量（最近 12 個月）	-1,537 萬美元

6. BAIDU INC（股票代號 BIDU）

Baidu 日線圖（9/8,2020-2/5,2021）

（圖表取自：Surperformance.com）

百度（Baidu）公司成立於 2000 年，總部位於中國北京，以提供網路搜尋服務起家。

百度目前是全球最大的中文搜尋引擎、中國最大的以訊息和知識為核心的互聯網綜合服務公司，同時也是

全球領先的人工智能平台型公司。

百度作為全球最大的中文搜尋引擎，每天回應來自 100 餘個國家和地區的數十億次搜尋請求，是一般人獲取中文訊息的最主要入口。

百度所提供的訊息流位居中國第一，2019 年百度用戶規模突破 10 億，「百度 App」日活躍用戶為 2.22 億，「百家號」創作者達到 300 萬，「百度智能小程序」的月活躍用戶規模超過 3.54 億，「百度知道」、「百度百科」、「百度文庫」等六大知識類產品累計生產超過 10 億條內容，構建了中國最大的知識內容體系。

百度也致力於人工智能平台的打造，「百度大腦」是中國唯一的軟硬一體 AI 生產平台，「飛槳」是中國第一個全面開放的產業級深度學習平台，「百度智能雲」主要為企業和個人提供 AI 解決方案、雲基礎架構及其他服務，「小度助手」是中國最大的對話式人工智能操作系統，「Apollo 自動駕駛平台」擁有中國最強的自動駕駛實力。

　　由於政府反壟斷的法規和新冠病毒的肆虐，該公司在過去一段時間面臨其核心業務廣告業績的衰退，在2020 年 11 月公布的第三季度營收顯示它的廣告業務逐漸趨於穩定，因此百度又重新回復到成長模式。另一方面，百度準備進軍電動車的合作生產消息，也激勵它的股價大幅上漲。

　　百度公司股票在「ARKK 方舟創新基金」、「ARKW 方舟下一代互聯網基金」都是持股比重很高的股票。

◆財務報表（2020/12/30）

價值衡量

市值	921.3 億美元
本益比	21.05
股價營收比（最近 12 個月）	N/A
股價淨值比（最近一季）	3.88

獲利能力

淨利率	22.37%
營業利潤率（最近 12 個月）	0.00%

管理效率

資產報酬率（最近 12 個月）	2.84%
股東權益報酬率（最近 12 個月）	11.10%

損益表

營業收入（最近 12 個月）	N/A
每股盈餘（最近 12 個月）	N/A
季營收成長率（同比）	0.50%
毛利	445.6 億美元
季盈餘成長率（同比）	N/A

資產負債表

總負債（最近一季）	N/A

總負債 / 資產（最近一季）　　　　　　　　　42.15

流動比率（最近一季）　　　　　　　　　　　　2.65

每股帳面價值（最近一季）　　　　　　69.64 美元

現金流量

營業現金流量（最近 12 個月）　　　　　　　N/A

7. ZILLOW GROUP INC – C（股票代號 Z）

Zillow 日線圖（01-10,2020）（圖表取自：StockCharts.com）

Zillow 集團公司成立於 2004 年，總部位於華盛頓州西雅圖，為美國房地產資訊網站業者，透過旗下

zillow.com 網站提供給房屋買家、賣家、租屋者房屋價格等相關的房地產資訊。

它的業務涵蓋三部分：房屋、網路及媒體和技術、抵押貸款。該公司的平台為住宅房地產提供購買、出售、租賃和融資服務。同時它還提供了一套行銷軟體和技術解決方案以及廣告服務。

在 Zillow 上，屋主或房屋仲介可以免費登錄要出售或出租的房屋，因此透過網路搜尋和手機 app，可以讓用戶在 Zillow 上免費搜尋各地區的房屋和房價。

Zillow 最早是一家媒體公司，在其網站上出售廣告獲得收入。2009 年 4 月 Zillow 和 180 多家美國報紙的網站建立夥伴關係，將其房地產搜索引擎供他們使用，共享來自聯合品牌網站的廣告收入。

2011 年 2 月，Zillow 和雅虎房地產公司建立了獨家合作夥伴關係，成為最大的房地產廣告網路媒體。

2018 年開始，Zillow 和房屋仲介業合作，當仲介透過 Zillow 網站推薦完成房屋買賣，他們會退 30-40%

佣金給 Zillow。

在 2020 年 2 月 Zillow 公布的第四季度財報和 2019 年全年收入爲 27 億美元，同比增長 106%，顯示其成長空間仍大。

Zillow 股票在「ARKK 方舟創新基金」、「ARKF 方舟金融科技創新基金」持股比重都相當高。

◆**財務報表**（2020/12/30）

價值衡量

市值	306.1 億美元
本益比	N/A
股價營收比（最近 12 個月）	8.06
股價淨值比（最近一季）	7.02

獲利能力

淨利率	-8.85%
營業利潤率（最近 12 個月）	-3.50%

管理效率

資產報酬率（最近 12 個月）　　　　　　　　-1.18%

股東權益報酬率（最近 12 個月）　　　　　　-7.98%

損益表

營業收入（最近 12 個月）　　　　　　　34.9 億美元

每股盈餘（最近 12 個月）　　　　　　　16.10 美元

季營收成長率（同比）　　　　　　　　　　-11.90%

毛利　　　　　　　　　　　　　　　　13.1 億美元

季盈餘成長率（同比）　　　　　　　　　　　　N/A

資產負債表

總負債（最近一季）　　　　　　　　　　23.2 億美元

總負債 / 資產（最近一季）　　　　　　　　　53.93

流動比率（最近一季）　　　　　　　　　　　　9.24

每股帳面價值（最近一季）　　　　　　　18.52 美元

現金流量

營業現金流量（最近 12 個月）　　　　　　　8,082 萬美元

8. INVITAE CORP（股票代號 NVTA）

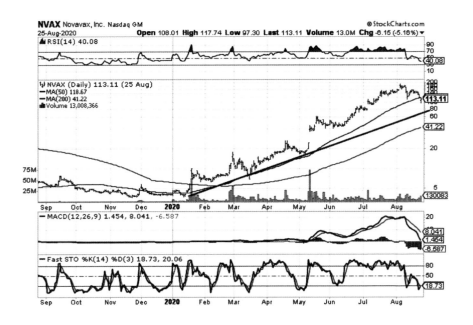

Invitae Corp 日線圖（09/2019-08/2020）

（圖表取自：StockCharts.com）

　　因維特公司（Invitae Corp）成立於 2010 年，前身為軌跡發展公司（Locus Development, Inc.），在 2012 年更名，總部位於加州舊金山。

　　它是一家遺傳資訊公司，主要提供各種遺傳性疾病之遺傳診斷服務，處理含 DNA 的樣品、分析與患者特定遺傳變異有關的訊息，並為美國、加拿大和國際上的臨床醫生及其患者提供檢測報告。

　　該公司提供各種臨床領域的基因檢測，包括遺傳性癌症、心臟病、神經科、小兒科、代謝疾病和罕見疾病、產前和周產期基因檢測以及非侵入性產前檢查產品，還有為遺傳性疾病提供植入前遺傳診斷和攜帶突變基因者篩查，用於產前診斷、流產分析和小兒發育障礙的產品。

　　此外，該公司還提供收集和管理遺傳家族史，讓使用者能夠建立數位化、共享和保存病人家譜，以及評估其風險，並決定適當的基因測試。

　　因維特公司為患者、醫療保健提供者以及生物製藥

和宣傳合作夥伴提供服務，並和基因治療公司合作，用於檢測兒童的溶　體儲積症；和加州太平洋生技科學公司合作，研究用於開發先進的癲癇診斷測試。

因維特公司股票在「ARKK 方舟創新基金」持股比重很高。

因維特公司可以說是處於基因測試行業的最前端，該公司是將遺傳學納入主流醫學的先進企業。儘管遺傳學仍是一個新興領域，但它是醫學上最有前途的領域之一，它正在利用技術和醫學的融合，希望徹底改變基因組學。

因維特公司目前是遺傳學行業中發展最快的公司之一，為了積極追求增長，不惜在短期內犧牲利潤，在過去的幾年中就收購了近十家公司，藉以鞏固其在遺傳學市場上的主導地位。該公司並且計劃與領先的癌症測試開發商 ArcherDX 合併，以成為「綜合癌症遺傳學和精密腫瘤學的全球領導者」。

因維特公司的競爭優勢在於它善於組織和運用來自基因檢測的大量數據的技術，該公司是行業中少數利

用指數技術趨勢的公司之一。該公司 2020 年的市值爲 73.9 億美元，具有相當大的上漲空間。基因檢測具有非常好的前景，並且可能會改變我們所知道的醫學。

◆財務報表（2020/12/30）

價值衡量

市值	73.9 億美元
本益比	N/A
股價營收比（最近 12 個月）	19.40
股價淨值比（最近一季）	17.74

獲利能力

淨利率	-181.19%
營業利潤率（最近 12 個月）	-142.61%

管理效率

資產報酬率（最近 12 個月）	-25.68%

股東權益報酬率（最近 12 個月）   -108.41%

損益表

營業收入（最近 12 個月）   2.45 億美元

每股盈餘（最近 12 個月）   2.15 美元

季營收成長率（同比）   21.60%

毛利   9,872 萬美元

季盈餘成長率（同比）   N/A

資產負債表

總負債（最近一季）   3.31 億美元

總負債 / 資產（最近一季）   79.69

流動比率（最近一季）   4.09

每股帳面價值（最近一季）   3.13 美元

現金流量

營業現金流量（最近 12 個月）   -2.32 億美元

9. SPOTIFY TECH. SA（股票代號 SPOT）

Spotify Tech. 日線圖（2018-2020）

（圖表取自：TradingView.com）

　　Spotify 科技公司成立於 2006 年，總部位於盧森堡，在美國、英國、盧森堡和全球提供音樂串流服務。

　　它分爲兩個部門營運：Premium（進階版）及 Ad-Supported（廣告支持版）。

　　Premium（進階版）部門爲用戶提供無限的免費音

樂服務，點選其播放的節目單可於線上和離線狀態收聽高品質的音樂，不會被商業廣告所打斷。

Ad-Supported（廣告支持版）部門為廣告贊助的用戶，對其播放節目單提供有限的線上隨選服務。

2018 年 4 月，Spotify 宣布收購美國音樂授權廠商 Loudr，透過此收購而達到簡化追蹤和支付版權費的流程。同年，它於手機應用程式中加入研發之 Spotify Voice 語音助理功能，用戶可透過語音操控應用程式播放線上音樂。

2019 年，Spotify 與 Flex 公司合作研發車用語音音樂播放器，跨足硬體裝置市場。另外，此產品也加入 Spotify Voice 語音助理功能，且透過藍牙連接車內音響即可播放音樂。

截至 2020 年 3 月底，該公司的平台包括大約 79 個國家和地區的 2.86 億月活躍用戶以及 1.3 億 Premium（進階版）訂戶。

Spotify 目前是全球最大的串流音樂服務商之一，

與環球音樂集團、索尼音樂娛樂、華納音樂集團三大唱片公司及其它唱片公司合作授權由數位版權管理保護的音樂。在 2019 年 Spotify 支付每次播放大約 0.00331-0.00437 美元的授權費。它和蘋果公司 Apple Music 的 iTunes 是競爭關係。

Spotify 股票在「ARKK 方舟創新基金」和「ARKW 方舟下一代互聯網基金」持股比重相當高。

儘管 Spotify 宣布 2020 財報第三季度每股虧損 1.91 歐元，而收入同比增長 13% 至 18.9 億歐元也未達分析師預期，但由於在北美的加速發展和在俄羅斯成功推出的推動下，每月活躍用戶同比增長 29%，因此一般投資人仍看好它未來的發展。

◆財務報表（2020/12/30）

價值衡量

市值	596.6 億美元
本益比	N/A
股價營收比（最近 12 個月）	6.31
股價淨值比（最近一季）	19.74

獲利能力

淨利率	-8.79%
營業利潤率（最近 12 個月）	0.00%

管理效率

資產報酬率（最近 12 個月）	-3.16%
股東權益報酬率（最近 12 個月）	-30.17%

損益表

營業收入（最近 12 個月）	N/A

每股盈餘（最近 12 個月）	N/A
季營收成長率（同比）	14.10%
毛利	17.2 億美元
季盈餘成長率（同比）	N/A

資產負債表

總負債（最近一季）	N/A
總負債 / 資產（最近一季）	24.82
流動比率（最近一季）	0.92
每股帳面價值（最近一季）	10.25 美元

現金流量

| 營業現金流量（最近 12 個月） | N/A |

10. PROTO LABS INC（股票代號 PRLB）

Proto Labs 日線圖（04-12,2020）（圖表取自：Finviz.com）

　　Proto Labs 公司成立於 1999 年，總部位於美國明
尼蘇達州，主要在美國、歐洲和日本，提供快速的小批
量訂製零件製造，以進行原型製作和短期生產。

　　它提供 3D 列印、計算機數控（CNC）加工、鈑金
製造和注塑服務。應用於醫療、航空、電子、消費性產
品和工業機械等市場。

　　它最大的特點是推出了數位製造模式，該模式讓客

戶在網路上載他們產品的 CAD 電腦輔助設計模型以下達製造訂單，客戶可以獲得快速的報價、訂購和生產產品，也能更了解成本和生產時間。

Proto Labs 通過其電子商務網站 Protolabs.com 處理幾乎所有客戶訂單，該平台在產品設計和開發過程中非常有幫助，它提供一個出色的系統和良好的設計，可以幫助客戶實現實際上可模塑的產品。該系統不僅可以指出客戶設計的產品無法成型的原因，還可以提供建議，逐步引導客戶改變和改良以完成可以成型的工作。

該公司於 2020 年 11 月在歐洲、2021 年初在美國推出更新的數位報價引擎，因此在客戶上傳 CAD 設計文件的幾個小時（有時是幾分鐘）內，客戶就可以收到報價，並且可以在網路視頻中查看 Proto Labs 如何生產該產品的製造過程，讓客戶不僅得到報價，而且在實際製造產品之前就得到完整的資訊。

Proto Labs 系統還允許工程師和其他用戶與同事協作進行項目設計，並且在感覺到客戶對原始設計的修改

可能會增加生產時間和成本時，建議使用替代的製造步驟和材料。

它使客戶了解製造產品最具成本效益和最快的方式，並加快零件測試速度，快速將產品推向市場。

由於客戶需求和持續的大流行，許多市場正在發生前所未有的變化，Proto Labs 提供的製造技術的進步為創新打開了廣闊的大門，使供應商及其客戶能夠迅速發展，這種敏捷性通常是成功與失敗之間的區別，因此 Proto Labs 在 3D 列印市場中居於領導地位。

Proto Labs 股票在「ARKK 方舟創新基金」、「PRNT 3D 列印基金」持股比重都相當高。

◆財務報表（2020/12/30）

<u>價值衡量</u>

市值	41 億美元
本益比	73
股價營收比（最近 12 個月）	9.35

股價淨值比（最近一季）　　　　　　　　　　　6.56

獲利能力

淨利率　　　　　　　　　　　　　　　　　　12.80%

營業利潤率（最近 12 個月）　　　　　　　　 15.15%

管理效率

資產報酬率（最近 12 個月）　　　　　　　　　6.19%

股東權益報酬率（最近 12 個月）　　　　　　　9.49%

損益表

營業收入（最近 12 個月）　　　　　　4,410 萬美元

每股盈餘（最近 12 個月）　　　　　　 16.50 美元

季營收成長率（同比）　　　　　　　　　　 -8.50%

毛利　　　　　　　　　　　　　　　 2,352 萬美元

季盈餘成長率（同比）　　　　　　　　　　-12.50%

<u>資產負債表</u>

總負債（最近一季）　　　　　　　　　1,342 萬美元

總負債 / 資產（最近一季）　　　　　　　　　2.14

流動比率（最近一季）　　　　　　　　　　　4.47

每股帳面價值（最近一季）　　　　　　　23.39 美元

<u>現金流量</u>

營業現金流量（最近 12 個月）　　　　　1.14 億美元

股海浮沉，
終見一片浮木

　　時報出版公司董事長趙政岷先生囑我寫一本有關投資理財的書，我的第一個念頭是介紹我最近發現的這位女股神凱薩琳・伍德。

　　當我深入搜尋了解、分析研究凱薩琳・伍德的生長背景及投資思維和策略時，內心既興奮又懊惱，興奮的是自沃倫・巴菲特和彼得・林區以來從沒看過這麼優秀的基金經理人，懊惱的是發現太晚，如果早點發現就會更好。

　　但是，也許現在才是因緣成熟的時候，因為經歷六年以上市場的考驗，證明了凱薩琳・伍德是華爾街投資界真正一顆閃亮的巨星。

　　她的成功既非偶然，也非倖致。她的視野遠遠超越一般基金經理人，當然也遠遠超越了像我這樣的美股投資者。在多年的股海浮沉中，我所懂得的也不過是片鱗半爪、一知半解。

　　在 2000 年的科技泡沫中，我驚見我所投資的美國科技股基金被腰斬，跌掉 50%，而我的朋友無一倖免，

甚至投資某些過去最風光的明星個股者更是跌到一文不值、血本無歸。

在賠錢中驚醒，因此也開啟了我在股海中淘金的歷程。我認識到投資不該依賴別人，也不該依賴於基金經理人，因為自己才是要承擔最後盈虧風險的人。

當然面對巨大的美國市場我是完全無知的，我翻閱所有的投資理財書籍、雜誌和報紙，企圖尋找、摸索出一條捷徑，但是在尋覓的過程還是付出了不少代價，就像賭博一樣有輸有贏，最後我發現向大師學藝才是終極之道，因為他們的真知卓見才是跳脫股海浮沉的一線生機。

在師法彼得‧林區和巴菲特的投資方法後我才真正的掌握了投資獲利的一點訣竅。譬如：掌握未來趨勢、挑選具有競爭力的公司；順勢而為、不要和市場作對；大賺小賠、設移動止損點；守株待兔、在危機入市；波段操作、買入上漲股票；控制心魔、嚴守紀律；不要把資金一次全押、永遠留一份多餘資金在外面；不要盲目

跟從、必須獨立思辨。

其實我的這些要訣也不過是後見之明，因為真正的大師在趨勢形成之前就已洞察，更比別人冷靜和深思熟慮，而且都是長線布局、紋風不動，終而獲得巨大豐收，而非像散戶一樣短線操作、盲進盲出，只有賺得一點蠅頭小利。

然而，時代變化劇烈，大師也老了，一代新人換舊人，未來真正能夠帶領我們征服股海的非凱薩琳·伍德莫屬。

她對科技所帶來的未來世界變化洞燭機先，而且她不畏人言，力排眾議，具有獨特的見解；同時她也不是一人所為，她有一群團隊，深入研究，並且主動管理，因此才能創造卓越績效。

當然，過去 6 年凱薩琳·伍德所創造的高績效回報率能否持續，只有留待時間的考驗。高回報也代表高風險，投資人還是要審度自己對風險承擔的能力，獨立思考和判斷，不可盲從。本書推薦科技股女股神凱薩琳·

伍德，希望能夠借鏡大師經驗，分享自己的發現和心得，願大家都能投資獲利。

BIG 356

後巴菲特時代科技女股神：
凱薩琳‧伍德的「破壞性創新」投資致富策略

作者	陳偉航
圖表提供	陳偉航
副主編	謝翠鈺
封面設計	陳文德
美術編輯	趙小芳

董事長	趙政岷
出版者	時報文化出版企業股份有限公司
	108019 台北市和平西路三段二四〇號七樓
	發行專線｜(〇二)二三〇六六八四二
	讀者服務專線｜〇八〇〇二三一七〇五｜(〇二)二三〇四七一〇三
	讀者服務傳真｜(〇二)二三〇四六八五八
	郵撥｜一九三四四七二四時報文化出版公司
	信箱｜一〇八九九　台北華江橋郵局第九九信箱
時報悅讀網	http://www.readingtimes.com.tw
法律顧問	理律法律事務所｜陳長文律師、李念祖律師
印刷	勁達印刷有限公司
初版一刷	二〇二一年三月十二日
初版二刷	二〇二二年二月八日
定價	新台幣三二〇元

（缺頁或破損的書，請寄回更換）

時報文化出版公司成立於一九七五年，
並於一九九九年股票上櫃公開發行，於二〇〇八年脫離中時集團非屬旺中，
以「尊重智慧與創意的文化事業」為信念。

後巴菲特時代科技女股神：凱薩琳.伍德的「破壞性創新」
投資致富策略 / 陳偉航作. -- 一版. -- 臺北市：時報文化,
2021.03
　　面；　公分. -- (Big ; 356)
ISBN 978-957-13-8708-6(平裝)

1.股票投資　2.投資分析
563.53　　　　　　　　　　　110002508

ISBN 978-957-13-8708-6
Printed in Taiwan